居宅介護支援事業所管理者
のための
実践ガイドブック

一般社団法人日本介護支援専門員協会 編集

中央法規

［　はじめに　］

　介護支援専門員そして主任介護支援専門員と、専門職のキャリアを積み上げてきたあなたは管理者を担うことになりました。

　あなたは、介護支援専門員として利用者個人やその家族の支援に注力してきました。しかし、管理者になった今、これまでとは異なる領域にも職責を果たすことが求められることとなりました。

　それは、サービスの質を担保することであり、人材育成であり、健全な財政運営であり、風通しのよい組織風土に拠る働きやすい職場づくりであり、法令に基づいた内部統制であり、なによりも利用者や社会に求められる事業所をつくることです。

　事業所に管理者は1名です。これは事業所内に同様の立場で仕事をする人がいないことを意味します。管理者のロールモデルをもつことができないまま着任した方もいるかもしれません。

　あなたは日々、管理者として、事業所が直面している大小の課題に判断を迫られ、迷いや苦しみのなかで、ひとり、答えや光明を探しているかもしれません。

　本書には管理者を担うことになったあなたが業務を遂行するうえで必要な事柄が書かれています。

　また人材育成については本書とともに『介護支援専門員のための実務スタートブック』を併せて活用いただくことで、より効果的に実務力の向上が図られるものと考えます。

　本書が、利用者や地域社会、そして働く職員を支える管理者のあなたの一助になれば幸いです。

2023年4月

一般社団法人日本介護支援専門員協会

はじめに

本書の活用について

第3章　OJT

[本書の活用について]

● 本書の特徴

　本書は、居宅介護支援事業所の管理者として、受講が義務づけられている法定研修では学ぶことができない一元的に行う管理について、必要な知識・技術・心構えなどを学ぶことができる実務書です。「一元的な管理」については、「指定居宅介護支援等の事業の人員及び運営に関する基準」（運営基準）に、管理者の責務として定められています。

　居宅介護支援事業所のマネジメントにあたり、管理者として求められる管理・運営のノウハウ、労務管理・財務管理のほか、人材育成の手法の1つであるOJTについて、その知識と具体的な展開方法、留意点を紹介しています。

　経営母体やサービス形態にとらわれず、現場でさまざまな悩みを抱える管理者に活用いただけます。理論を学んだうえで、管理者に必要とされる指導力だけでなく、現場で直面するさまざまな課題に対応できる、「自信」を身につけられるよう工夫をしています。

● 新人研修において

　本書は、管理者の責務である人材育成、人材育成の手法の1つであるOJTについて紹介しています（第2章、第3章）。一方、『介護支援専門員のための実務スタートブック』（中央法規出版、2023年）では、OJTを受ける立場にある介護支援専門員の心構えや準備、同行訪問における、ケアマネジメントごとの目的、達成目標について紹介しています。OJTは、指導する側と指導を受ける側がその目的を共有することが大切です。本書と併せて活用することで、具体的に説明を行うことができ、より効果的なOJTの実施につながります。

『介護支援専門員のための実務スタートブック』主要目次

第1章　介護支援専門員（ケアマネジャー）キホンのキ

第2章　OJT（On-the-Job Training）を受ける

第3章　ケアマネジメント

第4章　法令に定められている居宅介護支援のポイント

第5章　居宅介護支援にかかわる記録・書類

第6章　"こんな場合はどうする？"介護支援専門員業務のQ＆A

● 日本介護支援専門員協会が実施する研修との連動性

　日本介護支援専門員協会では、2021（令和3）年3月に「生涯学習制度　事業報告書」をとりまとめ、介護支援専門員の生涯学習制度である「介護支援専門員の生涯学習体系」を構築しま

した。「介護支援専門員の生涯学習体系」は、介護支援専門員実務研修から主任介護支援専門員更新研修までの法定研修カリキュラムと連動し、生涯学習の指針として体系化されています。また、生涯学習レベルに応じた習得目標とともに、介護支援専門員の能力評価をするうえで必要な能力ルーブリックを示しています。本書は、「介護支援専門員の生涯学習体系」とも深く連動しています。

介護支援専門員生涯学習制度について

受講基準
・受講対象については会員限定とし任意とする。
・手続きや条件の詳細等については、令和2年度に検討する。

修了認定
・受講と修了評価で各段階の認定を設定。
　※評価方法や認定レベルの詳細については令和2年度に検討する。
・認定に関しては「単位制」を含め検討する。

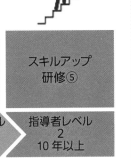

生涯学習体系（イメージ）

初任者研修	スキルアップ研修①	スキルアップ研修②	スキルアップ研修③	スキルアップ研修④	スキルアップ研修⑤
実践者レベル1 6か月時点	実践者レベル2 3年時点	実践者レベル3 5年時点	実践者レベル4 5年以上	指導者レベル1 5年以上	指導者レベル2 10年以上
ケアマネジメントの基本的スキルを身につけ業務活動ができる。	個別事例の実践と地域課題についても視野を広げられる。	困難事例の対応や、省察的振り返り、地域課題の解決に向けた実践ができる。	効果的な事業所運営ができ、社会資源開発ができる。	介護支援専門員のスーパービジョンを中心とする指導育成ができる。	実践者指導のみならず、管理者や指導者の育成ができる。
（基礎実践者）	（中級実践者）	（上級実践者）	（管理実践者）	（育成指導者）	（指導者育成）

出典：日本介護支援専門員協会『生涯学習制度　事業報告書』2021年を一部改変

● 関連書籍

令和元年度老人保健健康増進等事業「居宅介護支援事業所における事業所内での人材育成に資する取組のあり方に関する調査研究事業」で作成した手引きも活用していただけます。

 居宅介護支援事業所におけるケアマネジメント機能向上に資するOJTの手引き（令和2年3月）
発行：日本介護支援専門員協会
参照先：https://www.jcma.or.jp/wp-content/uploads/2004092roken19ojttebiki.pdf

居宅介護支援事業所におけるケアマネジメント機能向上に資する事例検討会 実践に活かす手引き（令和2年3月）
発行：日本介護支援専門員協会
参照先：https://www.jcma.or.jp/wp-content/uploads/200409roken19jireitebiki.pdf

第1章

管理の基礎

第1章では、居宅介護支援事業所の管理者に求められる基礎的な知識について確認していきます。

第 **1** 節
管理者の定義

1 管理者の配置

　居宅介護支援事業の基本方針などを定めた「指定居宅介護支援等の事業の人員及び運営に関する基準」（運営基準）第3条では、事業所ごとに常勤の管理者を置かなければならないとされています。

指定居宅介護支援等の事業の人員及び運営に関する基準

　（管理者）

第3条　指定居宅介護支援事業者は、指定居宅介護支援事業所ごとに常勤の管理者を置かなければならない。

2　前項に規定する管理者は、介護保険法施行規則（平成11年厚生省令第36号）第140条の66第1号イ（3）に規定する主任介護支援専門員（以下この項において「主任介護支援専門員」という。）でなければならない。ただし、主任介護支援専門員の確保が著しく困難である等やむを得ない理由がある場合については、介護支援専門員（主任介護支援専門員を除く。）を前項に規定する管理者とすることができる。

3　第1項に規定する管理者は、専らその職務に従事する者でなければならない。ただし、次に掲げる場合は、この限りでない。

一　管理者がその管理する指定居宅介護支援事業所の介護支援専門員の職務に従事する場合

二　管理者が同一敷地内にある他の事業所の職務に従事する場合（その管理する指定居宅介護支援事業所の管理に支障がない場合に限る。）

　管理者は主任介護支援専門員であって、専らその職務に従事する者でなければなりません。管理者は指定居宅介護支援事業所の営業時間中は、常に利用申し込み等に対応できる体制を整えている必要があります。管理者が介護支援専門員を兼務していて、その業務上の必要性から事業所にいない場合であっても、その他の従業者等を通じ、利用者が適切に管理者に連絡が取れる体制が求められます。

　また、事業所の介護支援専門員として従事する、同一敷地内にある他の職務に従事する場合は、管理する指定居宅介護支援事業所の管理に支障がない場合に限り、常勤でなくても差し支えないとされています。

「敷地内にある他の事業所」とは、必ずしも指定居宅サービス事業を行う事業所に限るものではなく、例えば、介護保険施設、病院、診療所、薬局などの業務に従事する場合も管理に支障がない限り、認められます。このことは、居宅介護支援の事業が、指定居宅サービス等の実態を知悉する者により併せて行われることが効果的であるとされる場合もあることに配慮したものです。兼務が認められない職種としては、介護保険施設の常勤専従の介護支援専門員とされています。

なお、2027（令和9）年3月31日までの間は、2021（令和3）年3月31日時点で主任介護支援専門員でない者が管理者である居宅介護支援事業所については、当該管理者が管理者である限り、管理者を主任介護支援専門員とする要件の適応を猶予することとされています。ただし、指定居宅介護支援事業所における業務管理や人材育成の取り組みを促進する観点から、経過措置期間の終了を待たず、管理者として主任介護支援専門員を配置することが望ましいとされています。

❷ 管理者の業務

「管理者」はどのようなことを行うのでしょう。管理者の行うこと（業務）については、運営基準第17条に、「管理者の責務」として、①従業者の管理、②利用の申し込みにかかる調整、③業務の実施状況の把握が示されています。なお、管理者はこれらを一元的に行わなければならないとされています。また、運営基準が守られるよう、必要な指揮命令を行います。

なお、第17条で示されている「一元的」な管理が具体的にどのようなことをいうのか、当の運営基準にも、「指定居宅介護支援等の事業の人員及び運営に関する基準について」（解釈通知）にも、具体的には示されていません。「一元的」という言葉から連想されるのは、事業所のもつ人材や資金、情報といった経営資源を、事業所の理念や経営方針、目標などの下に1つ（1か所）にまとめ、互いに関連づけながら一体的に運用していくというようなイメージでしょうか。

居宅介護支援事業所の管理者は、介護支援専門員を含む事業所の従業者の勤務状態や健康状態、その技能や習熟度などを確認し、利用申し込みにあたって関係機関との連絡調整などを行い、業務の実施状況を把握します。具体的な業務は**表1-1**のようにまとめられます。

居宅介護支援事業所における管理者業務は、主任介護支援専門員の知識のみをもって運営できるわけではありません。主任介護支援専門員の研修課程に含まれない知識やスキルが、管理者業務の際に非常に重要になってきます。もとより、介護支援専門員は、経営や人事などの事業運営に携わる経験や、知識を得る機会も少なく、通常の業務上は必要とされない部分の能力です。しかし、管理者としてその業務に従事することになれば、従事者を指揮監督し、事業所を「一元的」に管理することが求められるようになります。それには、管理者として、正しい知識とその正確な理解が必要です。

表1-1 管理者の業務管理

組織統治の確立	● 内部監査の実施 ● 経営者の意思の明確化と伝達 ● 業務管理及び資源管理（人材、安全、備品等）、予算管理の確立
法令遵守	● 介護保険法 ● 指定居宅介護支援等の事業の人員及び運営に関する基準　など （関係法） ● 医療法　　　　　　　　　　● 労働基準法 ● 社会福祉法　　　　　　　　● 労働安全衛生法 ● 高齢者虐待防止法　　　　　● 健康保険法 ● 障害者虐待防止法
経営の透明化	● 法人等の方針、職員数、運営に関する情報などの公表 ● 介護サービス情報の公表 ● 第三者評価
危機管理	● トラブル・クレームの適切な対応 ● 緊急事態発生時の適切な対応 ● 守秘義務の徹底
職員管理	● 採用計画の作成　　　　　　● 評価システムの構築 ● 育成計画（研修等）の作成　● 就業規則の整備 ● 配置計画の作成　　　　　　● ハラスメントへの対応 ● 処遇計画の作成　　　　　　● 心身の健康管理

出典：『居宅介護支援事業所におけるケアマネジメント機能向上に資するOJTの手引き』日本介護支援専門員協会、pp.40-41、2020年

 用語解説

常勤

　事業所での勤務時間（事業所において、居宅介護支援以外の事業を行っている場合には、その事業に従事している時間を含む）が、その事業所において定められている常勤の従業者が勤務すべき時間数（週32時間を下回る場合は週32時間を基本とする）に達していることをいいます。

　ただし、雇用の分野における男女の均等な機会及び待遇の確保等に関する法律（男女雇用機会均等法）に規定されている措置（母性健康管理措置）または育児休業、介護休業等育児又は家族介護を行う労働者の福祉に関する法律（育児・介護休業法）による所定労働時間の短縮等の措置が講じられている者については、利用者の処遇に支障がない体制が事業所として整っている場合は、例外的に常勤の従業者が勤務すべき時間数を30時間として取り扱うことができます。

　同一の事業者によって、事業所に併設される事業所の職務であって、その事業所の職務と同時並行的に行われることが差し支えないと考えられるものについては、その勤務時間が常勤の従業者が勤務すべき時間数に達していれば、常勤の要件を満たすとされます。例えば、同一の事業者によって訪問介護事業所が併設されている場合、訪問介護事業所の管理者と居宅介護支援事業所の管理者を兼務している者は、その勤務時間が所定の時間に達していれば、常勤要件を満たすことになります。

また、人員基準において常勤要件が設けられている場合、従事者が労働基準法に基づく産前産後休業、母性健康管理措置、育児・介護休業法に基づく育児休業、介護休業などを取得している期間において、人員基準において求められる資質を有する複数の非常勤従事者を常勤の従事者の員数に換算することにより、人員基準を満たすことができます。

専らその職務に従事する

原則として、サービス提供時間帯を通じて当該サービス以外の職務に従事しないことをいいます。

事業所

事業所とは、介護支援専門員が居宅介護支援を行う本拠であり、具体的には管理者がサービスの利用申し込みの調整等を行い、居宅介護支援に必要な利用者ごとに作成する帳簿類を保管し、利用者との面接相談に必要な設備および備品を備える場所です。

第 2 節

労働基準法における「管理監督者」

1 管理者と管理監督者

　労働基準法は、労働条件に関する最低基準を定めています。労働基準法は、第13条で、「この法律（労働基準法）で定める基準に達しない労働条件を定める労働契約は、その部分については無効とする。この場合において、無効となった部分は、この法律で定める基準による」とされ、強行法規として位置づけられています。強行法規とは、「当事者の意思にかかわらず適用される法規」（広辞苑第7版）であり、契約で例外をつくることはできません。

　ただし、労働基準法では、「事業の種類にかかわらず監督若しくは管理の地位にある者又は機密の事務を取り扱う者」については例外として、労働時間、休憩および休日に関する規定の適用を除外するとしており（第41条第2号）、「管理監督者」と呼ばれています。

　なお、「管理者」がすべて「管理監督者」であるとは限りません。労働基準法における「管理監督者」に該当しないにもかかわらず、管理職であるからという理由で「管理監督者」として、労働時間などにかかわる規定が適用されていないような場合も指摘されています。管理監督者とは、法律における適用が除外される場合の区分です。管理監督者は、労働条件の決定その他労務管理について経営者と一体的な立場にある者をいい、経営者からの指示に基づいて、業務の一部を管理する場合は「管理監督者」とはみなされません。「管理監督者」に当てはまるかどうかは、役職名ではなく、その職務内容、責任と権限、勤務態様等の実態によって判断されます。

　具体的には、次に示す判断基準に基づき総合的に判断されます[1]。

① 労働時間、休憩、休日等に関する規制の枠を超えて活動せざるを得ない重要な「職務内容」を有していること

② 労働時間、休憩、休日等に関する規制の枠を超えて活動せざるを得ない重要な「責任と権限」を有していること

③ 現実の勤務態様が労働時間等の規制になじまないようなものであること

④ 賃金等について、その地位にふさわしい待遇がなされていること

---

1) 厚生労働省・都道府県労働局・労働基準監督署「労働基準法における管理監督者の範囲の適正化のために」

2 「労働者」である管理者

　法人および株式会社等の1つの部署として位置づけられている事業所等の管理者は「管理監督者」に当てはまりません。

　事業所の「管理者」であっても、労働基準法に定める管理監督者に該当しない場合、労働時間等の規制を受け、時間外割増賃金や休日割増賃金の支払いが必要となります。

　労働基準法第9条では、「労働者」を、「事業又は事務所に使用される者で、賃金を支払われる者」としています。「管理監督者」であっても、労働基準法により保護される労働者であることに変わりはありません。労働時間などの規定が適用されないからといって、健康を損なうおそれのある長時間労働が認められているわけではありません。

管理者が果たすべき権限・責任（プレイングマネジャー）

　管理者である介護支援専門員には、管理者としての役割と、介護支援専門員としての役割の2つを同時に果たすことが求められます。管理者は、優秀な介護支援専門員でなければならないと、責任を重く受け止めている場合もあるかもしれません。しかし、管理者の業務と介護支援専門員の業務は分離して考えるべきことです。

　さらにいえば、介護支援専門員である前に、管理者であるべきです。管理者は、部下と同じ視点で業務に従事するプレイヤーではありません。管理者には、介護支援専門員として現場で業務を直接、遂行しながら、一方でプレイングマネジャーとして、活躍できる人材の育成・指導を行う管理者としての能力が求められます。

1 管理者が果たすべき権限・責任

❶ 労務指揮権（業務命令権）

　労働契約に基づく使用者の基本的な義務は、賃金の支払いです。一方で、労働者には労働義務が課せられます。労働者が労働義務を遂行するにあたって、使用者が有する権利が労務指揮権です。また使用者は、業務の遂行全般について、労働契約の範囲内で労働者に対して必要な指揮・命令（業務命令）をすることができます。

　すでにふれたように、労働基準法第9条に定められている「労働者」とは、「事業又は事務所に使用される者で、賃金を支払われる者」をいい、たとえ、「管理者」であっても、法人や株式会社などに雇用され、給与の支払いを受けている「労働者」である場合があります。管理者が「労働者」である場合、賃金の支払い義務はなく、労働義務が発生していることになります。なお、部下がいる場合は、必要な指揮・命令（業務命令）における権限や責任もあることから、状況を踏まえながら管理業務を行う必要があります。

❷ 責任

❶ 部下の監督責任

　部下に対する管理監督または業務上の指導、指示を行うことを指します。

❷ 安全配慮義務

　労働契約に伴い、使用者には、労働者がその生命、身体等の安全を確保しつつ労働することができるよう、必要な配慮が義務づけられています（労働契約法第5条）。以前は、安全配慮義務について法律上の規定はありませんでしたが、2008（平成20）年3月1日に施行された労働契約法において明文化されました。安全配慮義務の「必要な配慮」の具体的な例は次のとおりです。また、事業所の定例会議や自主企画の研修等も有用といえます。

表1-2　安全配慮義務の例

① 　健康診断の実施
② 　業務を行う施設や備品・車両等の確認
③ 　労働環境の整備（過度な時間外勤務等を強いていないか）
④ 　適切な人員配置
⑤ 　感染症蔓延防止に対する対策およびガイドラインの策定
⑥ 　職場における人間関係

❸ 職場環境配慮義務

　職場環境配慮義務とは、労働者にとって働きやすい職場環境を提供するよう配慮する義務をいいます。適切に業務を行うための、事業所の環境整備などのほか、ハラスメント対策の実施などもこれにあたります。

セクシュアルハラスメント対策

　男女雇用機会均等法第11条では、職場におけるセクシュアルハラスメントについて、事業主に防止措置を講じることを義務づけています。

雇用の分野における男女の均等な機会及び待遇の確保等に関する法律

　（職場における性的な言動に起因する問題に関する雇用管理上の措置等）

第11条　事業主は、職場において行われる性的な言動に対するその雇用する労働者の対応により当該労働者がその労働条件につき不利益を受け、又は当該性的な言動により当該労働者の就業環境が害されることのないよう、当該労働者からの相談に応じ、適切に対応するために必要な体制の整備その他の雇用管理上必要な措置を講じなければならない。

2　事業主は、労働者が前項の相談を行ったこと又は事業主による当該相談への対応に協力した際に事実を述べたことを理由として、当該労働者に対して解雇その他不利益な取扱いをしてはならない。

3　事業主は、他の事業主から当該事業主の講ずる第1項の措置の実施に関し必要な協力を求められた場合には、これに応ずるように努めなければならない。

パワーハラスメント対策

　労働施策の総合的な推進並びに労働者の雇用の安定及び職業生活の充実等に関する法律（労働施策総合推進法）において、職場におけるパワーハラスメントについて防止措置を講じることが事業主に義務づけられています。また、事業主に相談したこと等を理由とする不利益取扱いも禁止されています。

労働施策の総合的な推進並びに労働者の雇用の安定及び職業生活の充実等に関する法律
　（雇用管理上の措置等）

第30条の2　事業主は、職場において行われる優越的な関係を背景とした言動であって、業務上必要かつ相当な範囲を超えたものによりその雇用する労働者の就業環境が害されることのないよう、当該労働者からの相談に応じ、適切に対応するために必要な体制の整備その他の雇用管理上必要な措置を講じなければならない。

2　事業主は、労働者が前項の相談を行ったこと又は事業主による当該相談への対応に協力した際に事実を述べたことを理由として、当該労働者に対して解雇その他不利益な取扱いをしてはならない。

　このほか、男女雇用機会均等法第11条の3および育児・介護休業法第25条では、職場における妊娠・出産・育児休業等に関するハラスメントについて、事業主に防止措置を講じることを義務づけています。

雇用の分野における男女の均等な機会及び待遇の確保等に関する法律
　（職場における妊娠、出産等に関する言動に起因する問題に関する雇用管理上の措置等）

第11条の3　事業主は、職場において行われるその雇用する女性労働者に対する当該女性労働者が妊娠したこと、出産したこと、労働基準法第65条第1項の規定による休業を請求し、又は同項若しくは同条第2項の規定による休業をしたことその他の妊娠又は出産に関する事由であって厚生労働省令で定めるものに関する言動により当該女性労働者の就業環境が害されることのないよう、当該女性労働者からの相談に応じ、適切に対応するために必要な体制の整備その他の雇用管理上必要な措置を講じなければならない。

2　第11条第2項の規定は、労働者が前項の相談を行い、又は事業主による当該相談への対応に協力した際に事実を述べた場合について準用する。

> **育児休業、介護休業等育児又は家族介護を行う労働者の福祉に関する法律**
> （職場における育児休業等に関する言動に起因する問題に関する雇用管理上の措置等）
> **第25条**　事業主は、職場において行われるその雇用する労働者に対する育児休業、介護休業その他の子の養育又は家族の介護に関する厚生労働省令で定める制度又は措置の利用に関する言動により当該労働者の就業環境が害されることのないよう、当該労働者からの相談に応じ、適切に対応するために必要な体制の整備その他の雇用管理上必要な措置を講じなければならない。
> 2　事業主は、労働者が前項の相談を行ったこと又は事業主による当該相談への対応に協力した際に事実を述べたことを理由として、当該労働者に対して解雇その他不利益な取扱いをしてはならない。

❹ 部署の目標達成責任

部署ごとに明確な目標を設定することが重要です。目標を達成するために、職員それぞれの目標を決めます。これは、目標達成に向け、組織全体の仕事を分割し、職員一人ひとりに割り当てることです。分割され、職員に割り当てられた仕事を統合し、組織全体の仕事として完成させることが目標達成につながります。計画の実施と評価を繰り返し、達成状況を確認します。

職員も管理者も目標を達成する責任があり、管理者は構成する職員が目標を達成できるようにする責任もあるでしょう。

❺ 組織の維持、向上責任

組織とは、「ある目的を達成するために、分化した役割を持つ個人や下位集団から構成される集団」とされています（『広辞苑 第7版』岩波書店）。組織は、共通の目標をもち、目標達成のために協働し、何らかの手段で統制された複数の人々の行為やコミュニケーションによって構成されるものです。組織の維持は当然、管理者の責務であり、常に向上の意思を持ち続けること、部下の意欲の醸成を促すことも重要です。

❻ 部下の成長責任

部下の成長意欲は管理者の成長意欲に比例します。管理者自らが成長意欲をもつことで、部署全体が同じ方向性を向き、進んでいきます。管理者は、自らの成長意欲を積極的に部下に示す必要があります。

また、管理者には、部下の成長の変化に気づく力も求められます。いかに意欲を引き出し成長の進度を高めるか、目標設定は資質の向上を促す重要なポイントになります。

　管理者の業務だけでなく、いずれの業務においても、属人化、つまりその人がいないと業務がわからないという状況は避けるべきです。特に、「労働者」としての管理者は人事異動の可能性もあり、申し送りの抜け漏れが、事業運営の妨げになる可能性をはらみます。管理者の業務をチェックリストとしてまとめることは属人化の防止という観点だけでなく、管理者の体調不良の際の業務代行や自身の業務の抜け漏れをチェックするためにも有効です。ただし、管理監督者である管理者の場合はこの限りではないでしょう。

❶ 組織目標を達成するための業務指示および業務遂行

　組織全体の目標は、期間を定め明確にする必要があります。介護支援専門員の習熟度に合わせて、各自が自身の役割を認識し、業務に取り組めるように配慮が必要です。

❷ 部下の指導・育成

　社会人として備えるべき礼節や常識は、訪問する対象者の年齢に合わせる必要がありますので、再確認が必要です。礼儀は知っていても礼節をわきまえるという経験が少ない可能性があるからです。

　また、部下の仕事を職場の目標達成に結びつけ、部下を通じて職場の成果（役割責任）を達成できるようにします。管理者が主任介護支援専門員でなければならないとされた背景の１つに、事業所における人材育成の取り組みの推進が含まれていることを忘れてはいけません。

❸ 現場における問題点の抽出と解決

　働きやすい職場環境かどうか、問題点を抽出し解決策を検討します。また、業務効率化や担当件数の偏りなどにも配慮する必要があります。働きやすい環境はライフサイクルによっても変化します。世代ごとに働きやすい環境を把握する必要もあるでしょう。

❹ 他部署との調整

　関係機関や他部署との調整を行い、事業所に勤務する介護支援専門員がもてる能力を発揮することのできる、良好な関係を構築できるよう配慮します。コミュニケーションの機会を多くもち、互いの特性を知ることも関係の円滑化に必要です。

❺ コンプライアンス管理

　社会規範や社会的道徳は、時代に応じて変わるものです。また就業規則も時代に合わせて変化しています。常に最新の情報を収集する必要があり、社会情勢についても情報を多く求める

姿勢が重要です。自らの組織がルールどおりに動いているのか、部下は正確かつ迅速に業務を処理できるスキルを身につけているのかを管理し、指導することが必要です。自身のため、部下のためにも就業規則を正しく理解し、介護支援専門員の職業的倫理の特性と併せて、「日本介護支援専門員協会倫理綱領」についても知識を深める必要があります。

③ 管理者に求められる能力・スキル・知識

　居宅介護支援事業所の管理者には、次のような能力・スキル・知識が求められるといえます。

① 　適正な事業運営のために、事業所の理念および行動指針を明らかにするとともに、介護支援専門員一人ひとりが研修の参加などを通じ、目標の達成に向け、ケアマネジメントに必要な知識や技術を習得・習熟できるよう促す能力が求められます。

　事業所の目標と介護支援専門員個人の目標を紐づけ、個人の目標達成が事業所の目標達成につながるイメージをもてるようにします。目標の達成状況を、期限を定めて介護支援専門員とともに確認しましょう。研修の終了後は、業務に活かせる内容を確認し、実務につなげながらケアマネジメントに必要な知識や技術の習得・習熟を図る工夫も必要です。

② 　介護支援専門員として積み上げた必要な専門知識や技術をもとに、主任介護支援専門員として、他の介護支援専門員に適切な指導・助言を行います。

　事業所における人材育成および業務管理、地域包括ケアシステムを構築していくために必要な情報の収集・発信、事業所・職種間の連携による地域課題の把握、地域に必要な社会資源の開発やネットワークの構築など、個別支援を通じた地域づくりを行う能力が求められます。

③ 　事業所の介護支援専門員一人ひとりが働きやすい環境づくりに配慮するとともに、活用できる制度を紹介する能力が求められます。

④ 　事業所内の人間関係を円滑に保つことのできるコミュニケーション能力、地域の組織や団体などと適切にコミュニケーションをとる能力が求められます。それには、経験によって身につけた対人関係を円滑にするスキルが活きてきます。

⑤ 　介護支援専門員の業務は属人的になりやすいという特性があります。その人でなければわからないといった事態に陥ることを防ぐため、事業所での会議や対話などで情報共有できるように配慮するとともに、例えば、マニュアルの整備や新人育成のルールづくりなど、介護支援専門員の能力を標準化できる能力が求められます。

⑥ 　介護保険制度以外の知識、例えば、人材育成、OJT、労務管理と勤怠管理、財務管理、法令遵守・リスクマネジメントの知識をもち、かつ、最新の地域の情報や社会情勢などにも目を向け、時代に合わせて変化・適応できる能力が求められます。

表1-3 居宅介護支援事業所の主任介護支援専門員の役割

包括的・継続的ケアマネジメントの実践が可能な環境整備と介護支援専門員へのサポート	介護支援専門員に対する個別支援
● 地域包括ケア体制づくり ● 地域に不足している社会資源の把握、開発 ● 包括的・継続的ケアマネジメントのための環境整備と地域包括支援センターとの協働 ● 地域の保健・医療・福祉サービス等に関する情報提供 ● 関係機関との連携体制構築 ● 医療機関との連携体制構築 ● 多職種との連携体制構築 ● 地域のインフォーマルサポートとの連携体制構築 ● 地域における介護サービス事業所同士のネットワークづくり ● 主任介護支援専門員同士の連携 ● 研修時の開催支援（講師、ファシリテーター等） ● 特定事業所加算算定における管理監督 ● 介護支援専門員同士のネットワークの構築・支援 ● 介護支援専門員の実践力向上 ● 介護予防・日常生活支援総合事業におけるケアマネジメント ● 高齢者のセルフケア・セルフマネジメントに向けた支援	● 介護支援専門員に対する身近な相談対応 ● 介護支援専門員のニーズの把握 ● 介護支援専門員への個別指導・同行訪問 ● サービス担当者会議の開催支援 ● 介護支援専門員と地域包括支援センター職員との調整 ● 支援困難例への助言、対応 ● 地域における介護支援専門員の資質向上に向けた取り組み（事例検討会等） ● 介護支援専門員への継続的サポート

4 管理者の心得

❶ チームワークを良くする働きかけ

　部下に対しては公平に接することを心がけることが、上司対部下、および部下同士の良い人間関係づくりにつながります。慣れあうことがチームワークではなく、必要な指示や命令は臆せずしっかりと伝えられるような関係が、チームを率いるためには必要です。

　居宅介護支援事業所における介護支援専門員の業務は、個人作業が主になってきますので、個人作業の集合体としての事業所運営になりがちです。そういった場合においては、例えば、事業所内で業務の改善に向けた活動などを企画運営することで、チームとしての団結力を強めることもできるでしょう。

❷ 話しやすい雰囲気づくり

　部下が話しやすい雰囲気をつくります。ひととおり聞く耳をもち、事実を正確に把握する姿勢で接します。「後にして」ではなく、タイミング良く応じることで、部下は気づいたことや悩んでいることについて報告や相談をしやすくなります。事務所にいる時間が長く確保できると、部下の変化や事業所の雰囲気を感じられる機会も多くなります。管理業務があるため、管理者としての業務遂行を第一に考えた適正な担当件数を検討する必要があるでしょう。

❸ 部下の働く意欲を高める動機づけ

　管理者は、部下の意識を高める動機づけを心がけます。「仕事ぶりや成果を褒める」「自己実現等の欲求を満たす」「部下の仕事を手伝う」などさまざまな手法があります。進捗状況を聞き、必要な場面で手を貸したり、助言をしたりします。同時に、部下の遂行能力アップを支援するのです。目標設定は期間を決め、その都度、成長を共に確認していきます。成長を確認できる場として、研修の参加等も部下の成長に合わせて提供していきます。

❹ 部下に寄り添う現場指導

　部下の業績がふるわないときに、その原因を一緒に解決すべく寄り添います。現場には、例えば、経験の長い介護支援専門員にとって当たり前のことも、新人にとっては言われなければわからないことがあります。マニュアルやガイドラインを作成することで、一定の手順が標準化されるばかりでなく、できていないこと・できるようにならなければいけないことが明確になります。いつまでに、何をできるようになるか、という目標設定を行うことで指導者と部下の目標はひとつになります。そのことで関係が構築され、相談しやすい環境が副産物として生まれる可能性もあります。

❺ 環境整備

　部下が能力を発揮できる環境であるか、目を配り環境を整えることはとても重要です。質問しやすい雰囲気づくりや、余白の時間をもてる配慮も重要なことです。互いが忙しくしていると、声をかけにくいものですし、聞きにくい雰囲気を醸し出してしまいます。管理者としての時間の余裕が事業所内の柔らかい空気を生むことにつながります。

　生活環境や家族構成などをふまえた働きやすい環境を提案します。子育てや介護といったライフサイクルに沿った助言が適宜できるよう、職場内や制度上の活用できる資源を知る必要があります。働きやすい環境の整備と一言でいっても、世代によって異なります。世代に合わせた環境整備ができる工夫が必要です。

参考文献
- 『介護報酬の解釈 指定基準編』社会保険研究所、pp.838-839、2022年
- 3訂/介護支援専門員研修テキスト編集委員会編『3訂/介護支援専門員研修テキスト 主任介護支援専門員研修』日本介護支援専門員協会、pp.47-48、2021年
- 「居宅介護支援事業所等における管理者研修（実践編）」2021年11月6日
- 「居宅介護支援事業所におけるケアマネジメント機能向上に資するOJTの手引き」 日本介護支援専門員協会、pp.40-41、2020年

第 **2** 章

人材育成

　居宅介護支援事業所の管理者はプレイングマネジャーとして、介護支援専門員の専門性と同時に事業所の管理、監督のためのさまざまな知識、技能をもつ必要があります。第2章では、それら管理者の役割のなかでも「人材育成」に焦点を当て、その必要性や目的について整理していきます。

○ 第 **1** 節 ○

人材育成の課題と管理者の自己啓発

1 居宅介護支援事業所を取り巻く社会状況

❶ 受験者数の減少

　2015（平成27）年に介護支援専門員の受験要件が見直され、介護等の業務従事者であって定められた実務経験期間を満たした場合の受験ができなくなりました。その他にも介護職員初任者研修等課程の修了者や社会福祉主事任用資格での受験廃止、国家資格保有者の解答免除の廃止など、いわゆる受験資格の厳格化が行われました。一部とられていた経過措置も終了し、2018（平成30）年度以降の受験には、国家資格等に基づく業務経験5年または相談援助業務経験5年のどちらかを満たす必要があります。

　これは、国に置かれた検討会（介護支援専門員（ケアマネジャー）の資質向上と今後のあり方に関する検討会）で、受験要件も含めた試験の実施方法の見直しにより介護支援専門員の資質や専門性の向上を図るべきだとする2013（平成25）年の提言がもとになっています。その結果、受験者数だけをみてみると、第1回試験に続いて受験者数の多かった2014（平成26）年度の第17回試験をピークに受験者は減り、経過措置の終了した2018（平成30）年度には約4万9000人にまで減少し、関係者に大きな衝撃を与えました（**図2-1**）。

❷ 事業所数の減少

　厚生労働省が公表する介護給付費等実態統計によると、2022（令和4）年4月時点で請求を行っている居宅介護支援事業所の数は3万7831事業所となっています。事業所の数についても2014（平成26）年以降の増減の推移をみてみると、2018（平成30）年の4万65事業所をピークに、毎年平均して約550事業所が減っていることになります（**図2-2**）。事業所数については、都道府県単位でみると減少していても、市区町村単位では維持されている場合もあります。事業所数が減っても、その地域の要介護者数を十分にカバーできている場合もありますので、地域の状況を踏まえて対策などを考える必要があります。

　事業所数減少の要因には、介護支援専門員を確保できない、後継者が見つからないなどがあります。地域の要介護者数に対して介護支援専門員が足りない場合、その地域の居宅介護支援の提供に支障をきたし、介護サービス等を必要とする人やその家族にも影響を及ぼすことが考えられますので、地域課題としてとらえ、対策を講じる必要があります。また、別の要因として、複数の規模の小さい居宅介護支援事業所を統合し、体制を整備することで特定事業所加算

図2-1 介護支援専門員実務研修受講試験の実施状況

■ 受験者数
■ 合格者数

174,974
134,539
124,585
131,560
49,332
41,049
46,415
54,290
54,406

33,539
20,924
16,281
28,233
4,990
8,018
8,200
12,662
10,328

2014　2015　2016　2017　2018　2019　2020　2021　2022

資料：厚生労働省

図2-2 居宅介護支援事業所数（請求事業所数）

37,097　38,541　39,471　39,949　40,065　39,685　38,874　38,318　37,831

2014　2015　2016　2017　2018　2019　2020　2021　2022

資料：厚生労働省「介護給付費等実態統計」より作成

を算定し、収益性を高め、事業所運営の安定化を図るという事業方針を選択するケースも増えてきています。事業所の統合による居宅介護支援事業所の中規模化、大規模化の動きは、スケールメリットを活かすことで質の高いケアマネジメントの提供にもつながるなど、国が推奨している側面もあり、これからも続いていくと予想されています。

❸ 介護支援専門員の高年齢化

　居宅介護支援事業所で働く人の平均年齢は53.9歳、介護支援専門員の平均年齢は52.7歳。介護労働安定センターが実施した「令和3年度介護労働実態調査」の結果です。

　調査結果を詳しくみていくと、まず、介護労働者[1] 全体での平均年齢は、50.0歳となっています。職種別では、訪問介護員が54.4歳で最も高く、次に高いのが52.7歳の介護支援専門員、次いで看護職員51.9歳と続きます。サービス系型別では、居宅介護支援が53.9歳と最も高くなっています。介護支援専門員の年齢別の割合をみると、60歳以上の割合が25.5%となっており、介護支援専門員の4人に1人が60歳以上であることがわかります（表2-1）。ホームヘルパーの高年齢化は話題になることがありますが、介護支援専門員も確実に高年齢化が進んでいることがわかります。

表2-1　介護支援専門員の年齢階級別の割合

年齢（歳）	30〜34	35〜39	40〜44	45〜49	50〜54	55〜59	60〜64	65〜69	70〜
割合（%）	2.0	6.6	13.0	15.8	14.8	16.1	13.2	8.0	4.3

無回答6.2％を除く

資料：介護労働安定センター「令和3年度介護労働実態調査」

　管理者として人材育成を考え、実践していくにあたり、以上のような社会や地域の状況を考慮することで、より事業所にあった人材育成の計画を立てることができます。事業所のある地域の後期高齢者人口や要介護認定者数の推計を確認することで、将来にわたって必要となる介護支援専門員の人数を推測することができます。自事業所の介護支援専門員の年齢階級はどのような構成でしょうか？　平均年齢は53.9歳でしたので、10年後も働いている介護支援専門員は少ないかもしれません。近隣の事業所も同様な状況だとしたら、次世代の介護支援専門員の採用や育成も事業者や地域で考えていく必要があるでしょう。

2 人材育成の必要性

❶ ケアマネジメントの質の向上とバーンアウト防止

　一般的に人材育成の目的として、従業員の能力やモチベーションを維持、向上させることで、所属する組織の生産性を高めたり、モチベーションの低下やバーンアウトによる退職を予防し

---

1)　介護労働安定センターが本調査で定義する介護労働者とは、指定介護サービス事業所における訪問介護員、サービス提供責任者、介護職員、看護職員、生活相談員、介護支援専門員、PT（理学療法士）・OT（作業療法士）・ST（言語聴覚士）等の機能訓練指導員、管理栄養士・栄養士を指す。

たりすることなどがあげられます。居宅介護支援事業所においても、効果的な人材育成を行うことで、その事業所の理念に沿った、適切なケアマネジメントを行うことができる介護支援専門員に成長させることや離職の防止を図ることができます。

　人材育成における介護支援専門員のケアマネジメントの質やモチベーションの向上に関しては、利用者の自立だけではなく、その家族の負担軽減や介護離職の防止、近隣住民の安心などもしっかりと評価します。自身の課題解決のスキルの向上は、ひいては事業所が所属する地域や社会への貢献につながるという広い視野でとらえることが重要です。苦労も多いですが、社会に大きく貢献しているのが介護支援専門員であることを伝えていきましょう。

　また、居宅介護支援におけるケアマネジメントプロセスは、担当する介護支援専門員が1人で利用者の居宅を訪問し展開されることが多く、ライブでさまざまな判断や提案を行う必要があります。さらに医師をはじめとする医療専門職や行政機関の担当者との高度な連携を求められるなど、プレッシャーやストレスを感じやすい側面もあるため、バーンアウト防止は管理者として、より優先して取り組みたい事柄の1つといえます。

❷ 介護保険法令における人材育成の必要性

　介護保険法および指定居宅介護支援等の事業の人員及び運営に関する基準（運営基準）においても人材育成の必要性が位置づけられています。

介護保険法

　（介護支援専門員の義務）

第69条の34

　3　介護支援専門員は、要介護者等が自立した日常生活を営むのに必要な援助に関する専門的知識及び技術の水準を向上させ、その他その資質の向上を図るよう努めなければならない。

指定居宅介護支援等の事業の人員及び運営に関する基準

　（勤務体制の確保）

第19条

　3　指定居宅介護支援事業者は、介護支援専門員の資質の向上のために、その研修の機会を確保しなければならない。

　スキルアップのための介護支援専門員一人ひとりの努力は欠かせませんが、事業者（管理者）も、その所属する介護支援専門員の資質向上のための研修等の場をつくらなければなりませ

ん。介護支援専門員にとって、自身の資質の向上は、義務でもあり、権利でもあります。管理者としても事業所において効果的かつ計画的に人材育成に取り組んでいく必要があります。所属する介護支援専門員の資質が向上することで事業所の信頼が高まります。事業所運営のサポートや後輩指導なども担えるようになることは、管理者自身がより優先度の高い業務に取りかかれる環境づくりにもつながります。

❸ 人材育成の課題

❶ 人材の確保

　受験者数や居宅介護支援事業所数の減少、介護支援専門員の高年齢化などの状況もあってか、人材不足を感じている事業所も少なくありません。特に地方の過疎地域などにおいて多く聞かれるのが人材確保の難しさです。

　日本介護支援専門員協会が行った「令和元年度介護支援専門員処遇状況等の調査」によると、求人における、確保に要する期間について、「全く応募がない」が36.7%、「6か月以上1年未満」が27.6%でした（**図2-3**）。これは事業所に欠員が出た場合に1年近く補充ができない、または減員のまま運営していくしかない状況があるということで、仮に特定事業所加算を算定していた事業所だとすると、一段低い加算への変更、または加算の取り下げという事態も考えられ、以後の事業所の収支、運営に影響を与えます。

　人材育成の最初の課題は、人材の確保です。介護サービスなどを必要とする人に、適切に居宅介護支援を提供していくためにも、人材の確保は管理者の大切な役割だといえます。所属している介護支援専門員が辞めずに、今の事業所で働き続けたいと思える体制づくり、新たに介護支援専門員となって働いてみたいと思われる環境づくりが、これからの管理者には求められています。

❷ 業務改善

　人材確保における、重要性の高い改善課題について尋ねたところ、「給与アップ」（39.3%）を筆頭に、「事務作業効率化」「精神的負担軽減」「業務量軽減」「時間外労働削減」と続きました（図2-4）。

　働きやすい職場環境づくりの一環として、業務改善のPDCAサイクルを構築することは人材育成にとっても有効といえるでしょう。「事務作業効率化」「精神的負担軽減」「業務量軽減」「時間外労働削減」は相互に関連しています。事務作業の効率化ができれば、業務量も軽減し、時間外労働が削減されます。時間外労働が減れば、精神的な負担も軽減されるのではないでしょうか。

図2-3　求人における、確保に要する期間

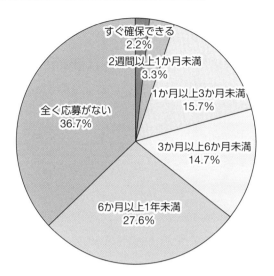

すぐ確保できる	22名
2週間以上1か月未満	33名
1か月以上3か月未満	158名
3か月以上6か月未満	148名
6か月以上1年未満	278名
全く応募がない	370名

N＝1,009

資料：日本介護支援専門員協会 居宅介護支援事業所部会『令和元年度介護支援専門員処遇状況等の調査報告書』

図2-4　人材確保における、重要性の高い改善課題

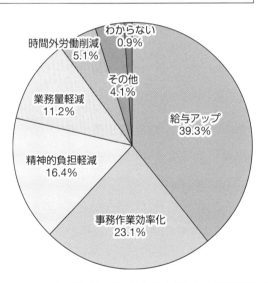

給与アップ	622名
事務作業効率化	366名
精神的負担軽減	259名
業務量軽減	178名
時間外労働削減	80名
その他	65名
わからない	14名

N＝1,584

資料：日本介護支援専門員協会 居宅介護支援事業所部会『令和元年度介護支援専門員処遇状況等の調査報告書』

　給与アップおよび事務作業の効率化と業務量軽減については、逓減性の緩和にかかる要件を1つの視点として考えてみたいと思います。最新の調査[2] では、適用している事業所は9.1％に

2）　三菱総合研究所「居宅介護支援及び介護予防支援における令和3年度介護報酬改定の影響に関する調査研究事業報告書」2022年

とどまるとの結果もでていましたが、業務改善には以下のような取り組みも有効です。

① 事業所内外や利用者の情報を共有できるチャット機能のアプリケーションを備えたスマートフォンや訪問記録を随時記載できる機能（音声入力も可）のソフトウェアを組み込んだタブレットなど、情報通信機器（人工知能関連技術を含む）の活用による事務作業の効率化。

② 事務職員を配置し、介護支援専門員が行う一連の業務等を行うことで、負担軽減や効率化を図る。

また、どちらかの要件を満たす場合、逓減性の適用が45件からとなるため、事業所の収入増を見込むことができます。担当する件数が増えることで結局、業務量は増えると感じる介護支援専門員もいるかもしれません。情報通信機器の導入や事務職員の配置によって実際に得られる効果を検証するとともに、一人ひとりが感じている負担感などをしっかり確認する必要がありますが、これらの取り組みにより、増加した算定分を介護支援専門員の処遇改善に充てるという経営方針をとることができれば、39.3%が重要課題と考えている「給与アップ」の実現も可能となるかもしれません。管理者には業務課題を発見し、改善していく能力、経営に関する決定・提案を行っていく能力なども求められています。

4 管理者の自己啓発

❶ マインドセット

成長マインドセットを意識し、前向きに努力しながら人材の育成にも取り組んでいきましょう。成長マインドセットとは、人間の能力は自分自身の努力により成長する、自身の失敗から学び、挑戦することで成長することができるという考え方です。管理者のなかには、誰もが認めるベテラン管理者もいれば、前任者の急な異動や転職などで、思いがけず管理者になってしまったという人もいるかもしれません。「なりたくてなったわけではない」は本音かもしれませんが、それを公言する管理者には、ささいなケースの相談でもしにくいものです。管理者としての経験が浅く自信がないという場合は、部下と一緒に成長していく管理者、部下の悩みが等身大でわかる管理者といったポジティブなイメージに変換してみましょう。まずは、自分は管理者であるという自覚をもつことが大切です。

❷ 省察的思考力

管理者自身が「省察的思考力」、つまり、自分自身の支援や業務を常に振り返り、良し悪しの判断や修正を行いつつ、介護支援専門員に対して指導や教育を行い、共に、プロ意識をもった介護支援専門員となっていくことが重要です。管理者が人材育成を意識することで、事業所全体の資質向上につながっていきます。

○ 第 **2** 節 ○

部下の指導・育成方法

１ 組織としての人材育成

　人材育成を行うにあたり、どのような知識や能力を、どの程度まで求めているのか、事業所の管理者、指導担当者、介護支援専門員が共通の認識をもっていることは重要です。目標管理シートや自己評価表などのツールを活用し「今、上司としての自分はこのあたりにいると思うが、部下のあなたからの評価も同じととらえてよいか」「部下のあなたには今年度、この能力をここまで高めてほしい」など、双方向のコミュニケーションをもちながら、管理者として進捗状況を管理していきましょう。

　求められる知識や能力について、改めて介護支援専門員研修の最終目標（アウトカム）を確認してみます（第３章**図3-1**）。習熟の程度や本人の意欲に合わせ、事業所や職能団体等で行うOFF-JT、OJT等を設定していきましょう。その他、各団体等で作成しているキャリアパス、キャリアラダーなどの活用も積極的に検討していきましょう。

２ 人材育成のしくみづくり

❶ 人材育成のための体制構築

　人材育成は居宅介護支援事業所の管理者が１人で行うものではありません。介護支援専門員のキャリア開発のための方向性を示し、より高い専門性を、継続して習得していくための体制づくりが重要です。そのため、事業所の管理者、指導担当者は自らの指導技術の研鑽に努めるほか、経営者も人材育成の責任者として、積極的に人材育成に関する理念や方針を示すことで体制整備を推進します。その他の、所属する先輩や同期の介護支援専門員も日常的に業務をサポートし合うなど、役割を明確にし、メンバー全員が人材育成にかかわっているという共通の認識をもち、事業所単位で人材育成を行っていきます。

❷ 自分（事業所）にあった手法を身につける

　人材育成にはさまざまな手法、技法があります。管理者や指導担当者にとって実践しやすい方法だとしても、事業所にはなじまないかもしれません。逆に、事業所にとってベストと思われる方法でも、育成する側に合っていなければ長続きはしませんし、管理者、指導担当者がバーンアウトしてしまう可能性もあります。

自身の経験や勘だけで人材の育成や事業所を管理していくのは困難です。手法、技法の習得は必要ですが、管理者は「自分と事業所に合った、長続きする方法」を見つけることが重要です。

③ 地域における人材育成

　1人で居宅介護支援事業所を運営している場合、職能団体への加入や地域の他の事業所の介護支援専門員との交流や事例検討会、研修会等の開催により、相互の資質向上を目指すことができます。また、災害や感染症の発生時に居宅介護支援事業所同士で業務を補完し合う協定を結んだり、事業所の枠を超えて同行訪問を行うしくみづくりを行ったりしている地域もあります。

　管理者として立場を同じくする仲間や応援者を多くつくり、共に切磋琢磨していきましょう。

第3章

OJT

支援の質を担保するため、事業所には人材を育成するしくみ・取り組みが欠かせません。第3章では、OJT、スーパービジョン、人材育成計画の基本的な知識、その実際について紹介します。居宅介護支援事業所の管理者として、把握したい人材育成の具体的手法を学びます。

第1節から第4節では、OJT指導者の役割やOJTの基本的な知識について、第5節ではOJT計画について解説しています。

OJT指導者の役割・機能、誰が指導者になるのか?

　OJT (On-the-Job Training) は人材育成の方法の1つで、職務を通じて行うことが大きな特徴です。職場で行われること、発生することを指導・育成の機会ととらえます。漫然と業務を見せる、先輩の業務を見るだけでは、十分な効果は得られません。どのような場面で、何を目的として、どのような方法で行うのか、明確にする必要があります。

　多くの事業所で、業務開始時や終業時に申し送りやミーティングをしているかと思います。何を目的に、どのような効果を得るために行うのか、目的に応じた時間に設定しているかどうか、改めて振り返ってみましょう。業務で行う以上、業務効率が要求されます。目的を説明せずにただ単に自身のその日の業務を報告するだけでは、何をなすべきかわからず、報告する側の発言内容も、確認する側の発言も散漫となります。実施方法次第で、申し送りも立派なOJTの機会となります。日々の業務を活用して教育を行うこと、これがOJTの最大の特徴であり、利点です。

　事業所として、職員の質の「担保」は欠かすことはできません。介護支援専門員は、資格取得前の経験に加え、実務研修をはじめとした法定研修を受講しています。それのみで、業務遂行が可能でしょうか?　実務研修を修了したばかりの入職者がすぐに業務が可能でしょうか?　まさに職場で実務のイロハを教えるOJTが介護支援専門員に求められます。

　なお、OJTの対象は経験年数が浅い職員だけではありません。経験年数に応じたOJTが必要となります。

1 OJT指導者の役割

　事業所として、業務の質を確保・担保するには、職員の質の維持・向上が欠かせません。また、職員が働き続けられる環境の整備、職員へのバックアップも必要です。OJT指導者に求められる役割は次の4点です(**表3-1**)。なお、**表3-1**に示した職員の能力・課題の把握、育成計画の作成・立案、その実行、進捗状況の確認、計画の再評価は賞与評価等のためではなく、職員の育成・業務の質確保のため、また、職員が介護支援専門員として成長できるようにサポー

表3-1　OJT指導者に求められる役割

①　職員の能力と課題の把握
②　育成計画の作成、立案
③　育成計画の実行
④　進捗状況の確認、再評価

トするために行われます。

　居宅介護支援事業所の介護支援専門員として、または専門職としての価値・倫理を兼ね備えているか、業務遂行に必要な能力を習得できているか、まずは評価が必要です。能力評価がないままでは、OJTの目的があいまいになり、ポイントをおさえた、計画の立案や指導ができません。

　倫理観の評価は難しい面があります。採用選考の段階で確認している事業所もあるかと思いますが、介護支援専門員として実地で就労する段階でOJT指導者や事業所管理者による説明や確認が必要です。業務に必要な能力に関して、自己評価表（表3-2）やアウトカム項目（図3-1）が参考になります。

表3-2　自己評価表 ver.2018における自己チェック項目
1. 課題分析（アセスメント）票から

項目	No.	内容
基礎的な事項	1	課題分析標準項目がもれなく記入されているか。 特記事項が活用されているか。
相談内容	2	相談者、相談経路、相談の経緯、相談方法、相談日等が明確になっているか。
	3	内容が本人や家族の言葉で具体的に書かれているか。
	4	サービスを利用することにより、どのような生活を送りたいか把握されているか。
家族や 介護者の状況	5	家族構成図が適切に書かれているか。 同居者が囲んであるか。
	6	家族構成員の情報（年齢、職業、健康状態等）が把握されているか。
	7	家族関係や介護者の介護能力、介護に関する知識、実際に行われている介護の内容や回数、家族の介護に関する思い等がとらえられているか。
	8	独居等の場合は関わりの強い別居家族とも連絡をとり意向を確認されているか。
インフォーマルな 支援の状況	9	親戚、民生委員、近隣、友人等との関係、訪問頻度、支援内容、受けたい支援等をとらえているか。
サービス利用状況	10	サービスや制度の利用状況が明確になっているか。
経済状況	11	おおよその収入と介護に対する可能な負担額を把握しているか。
生活歴	12	本人がどこでどのような生活を送ってきたのか（職業、結婚歴、配偶者死別、転居等も含む。）、現在どのような生活をしているか等、把握されているか。
住宅や 環境などの状況	13	見取り図に段差の有無が記入され、家具の配置等居室の状況がわかりやすく書かれているか。
	14	立地環境の問題点（例えば道路までの関係、付近の交通量等）や日常生活上の支障などとらえられているか。
	15	住宅改修の必要性や実施状況が把握されているか。

本人の健康状態・治療・受診等の状況	16	既往歴や現症は、発症から現在まで問題となっている症状や所見、介護が必要となった状況、受診状況や服薬状況が書かれているか。
	17	体格（身長、体重等）が書かれているか。
	18	麻痺や拘縮、障害の部位が明確になっているか。
	19	通院方法や病院までの距離、介助の有無が明確になっているか。
	20	担当介護支援専門員として、直接、主治医等との連携が図られ、主治医意見書からの情報も適切に得られているか。
本人の基本動作等の状況	21	寝返りや起き上がり、立ち上がりの状況がとらえられているか。
	22	歩行はどれだけの距離をどれだけの時間でどのような方法で歩くことができているか、その際、見守りや介護が必要か、障害や疾患との関連性等がとらえられているか。
	23	移乗や移動は自立しているか、見守りや介護が必要か、具体的にそのような介護がされているか、障害や疾患との関連性等がとらえられているか。
	24	浴槽は自分でまたげているか、身体は自分で洗えるか、入浴の頻度や方法、障害や疾患との関連性等がとらえられているか。
	25	食事の内容・形態や量、回数、必要なカロリー、栄養バランス、味付けの好み（塩辛いものが好き）、自分で食べることができるか、見守りや介助が必要か、障害や疾患との関連性がとらえられているか。
	26	嚥下は自立しているか、水分や食事の内容・形態、摂取時の体位等により、むせや誤嚥がないか等がとらえられているか。
	27	一日に必要な水分量が摂取されているか、脱水の危険はないか等の把握はされているか。
	28	尿意、便意があるか、失禁はないか、量や性状はどうか、どのような方法で排泄しているか、排泄の後始末が自分でできるか、食事、水分摂取量、障害や疾患との関連性が検討されているか。
	29	ズボンの上げ下げ、衣服の着脱等はどこまで自分ででき、どこから介助が必要か、障害や疾患との関連性等が検討されているか。
	30	歯磨きの状態、口腔の状態等は把握できているか。
	31	調理、洗濯、掃除、買物、金銭の管理等のIADL等が把握されているか。
認知症等による周辺症状	32	行動上の障害、精神症状の頻度や持続性、具体的な状況、日差変動、日内変動等が把握されているか。
社会交流の状況・コミュニケーション	33	昔の職場の仲間や他の人との交流をもっているか。地域の行事への参加や趣味活動、近所付き合いの有無や本人の意向などを把握しているか。
	34	本人のコミュニケーション手段や方法が明確になっているか。
心理・ストレスの状況	35	今の状況をどのように受け止めているか等、本人及び家族の心理的な負担やストレスの状況をとらえられているか。
その他	36	本人の生活リズムや一日の過ごし方が把握されているか。
	37	援助を必要とする時間帯や内容が明らかになっているか。

| まとめ | 38 | アセスメントで得られた情報から原因、背景、改善・自立の可能性等について分析されているか（状況の変化も記載されているか）。 |
| | 39 | 介護支援専門員としての各々の課題の解決すべき内容についてその対応が記載されているか。 |

2.居宅介護サービス計画書（第1表）

(1)本人及び家族の生活に対する意向をとらえているか。	40	本人や家族それぞれの立場から生活の意向が表現されているか。
	41	どこでどのような生活を送りたいか把握されているか。
	42	現在の状況や経過だけではなく、大事なことは本人や家族が発した言葉で記載されているか。
	43	本人及び家族の意向が、初回サービス計画のままになっていないか。 時間の経過に合わせて意向の変化を確認しているか。
(2)認定審査会の意見や主治医の介護に関する意見が反映されているか。	44	介護保険被保険者証に記載がある場合、転記されているか。
	45	介護保険認定審査会の意見及びサービスの種類の指定に伴って、サービス担当者会議等でサービスを提供する上で専門的な視点からの様々な留意事項が示された場合、記載されているか。
(3)ADLやQOLの向上を目指した総合的な援助の方針がたてられているか。	46	「利用者及び家族の生活に対する意向」に対応しているか。
	47	サービス種別の羅列になっていないか。
	48	自立に向けた個別性のある具体的な援助方針になっているか。
	49	緊急時の対応や医療との連携が組み込まれているか。
	50	本人や家族が望む生活を目指して取り組めるようわかりやすく記載されているか。
	51	表現は本人や家族にわかりやすく記載されているか。 傷つける内容になっていないか。

3.居宅介護サービス計画書（第2表）

(1)生活全般の解決するべき課題（ニーズ）が整理されているか。	52	受け止めたニーズがもれなくあげられているか。
	53	ニーズの発生要因と予防をふまえてとらえているか。
	54	ニーズは本人及び家族が自立をめざして意欲的に取り組めるようになっているか。利用者がもちあわせている可能性も課題としてとらえているか。
	55	本人及び家族に渡しても理解できる内容になっているか。
	56	疾患に対する医学的管理の必要性がとらえられているか。
	57	優先度の高いものから記載されているか。
(2)課題に対し長期目標、短期目標、期間が具体的にたてられているか。	58	ニーズにあった目標が設定されているか。
	59	達成可能な具体的な目標が設定され、期間は開始時期と達成予定時期が記入されているか。
	60	1回目、2回目とケアプランを作成していく中でモニタリングや評価の結果をふまえているか。

	61	短期目標の達成に必要な援助内容、回数、サービス種別になっているか。
（3）それぞれの目標に対して、対策（介護内容、サービス種類、回数等）がたてられているか。・検討した方が良いと思われる対策（介護内容、サービス種類、回数等）	62	援助内容には、送迎や食事、入浴（特殊浴等）、機能訓練等、加算の対象になるものが記載されているか。
	63	サービスは、介護保険サービスに限らず、高齢者や障害者の福祉サービス、保健事業等の他制度によるサービス、家族を含むインフォーマルサポート、支援が計画されているか。
	64	介護福祉用具の貸与例外給付を位置づける場合に、調査票の写し（「要介護認定等基準時間の推計の方法」別表第1の調査票について必要な部分の写し）を、同意を得た上で保険者から入手し検討したか。
	65	保険者から入手した調査票の写しについて、提示することに同意を得た上で、その内容を確認できる文書を指定福祉用具貸与事業者に送付したか。

4. 週間サービス計画表（第3表）

	66	主な日常生活の活動や週単位以外の活動が書かれているか。
（1）利用者の過ごし方を把握し、ニーズを解決するための、週間サービス計画がたてられているか。	67	課題解決に適したサービス時間や時間帯になっているか、本人及び家族の生活リズム等を考慮しているか。
	68	家族による支援も記載されているか。

5. サービス担当者会議の要点（第4表）、サービス担当者に対する照会内容（第5表）

	69	サービス担当者会議は、アセスメント結果やケアプラン等からその人の個別性に応じた具体的な課題の検討がされているか。また、連絡調整、役割分担が協議されているか。
（1）サービス担当者との連絡調整の課題の設定はよいか。	70	主治医やサービス事業者との連絡調整やサービス担当者会議の開催時期が適切か。
	71	福祉用具貸与及び特定福祉用具販売をケアプランに位置付ける場合、サービス担当者会議を開催し、必要な理由（ニーズ）がケアプランに記載されているか。
	72	福祉用具貸与について、ケアプラン作成後必要に応じて随時、サービス担当者会議を開催し、継続して貸与を受ける必要性について検証したか。また、サービス担当者会議の結果、継続して福祉用具貸与を受ける必要がある場合、その理由がケアプランに記載されているか。
（2）連絡調整の相手はよいか。	73	サービス担当者会議に本人や家族、主治医が出席しているか。会議に欠席する人がいた場合、事前に情報を得て、第4表等に記載されているか。緊急に意見交換を行い、本人の状況等についての情報や居宅サービス原案の内容を共有しているか。
	74	第4表は、サービス担当者間で必要な情報を共有する内容になっているか。　※（施設は第5表）
	75	サービス事業者や関係機関との連携は円滑か。
（3）結論や残された課題が明確になっているか。	76	いつまでに誰が何をするのか具体的に書かれているか。
	77	会議で解決できず残された課題が整理されているか。
	78	次回の開催予定が計画されているか。

6. 居宅介護支援経過（第6表）

（1）居宅介護支援経過は適切に記載されているか。	79	居宅介護支援経過には、5W1Hがわかるように記載されているか。
	80	居宅介護支援経過には、事実の他に介護支援専門員の判断、ケアプラン変更等の必要性について記載されているか。
	81	新たな課題が発生した場合、適切な対応や行動が迅速にとられているか。
	82	面接時の本人や家族の言葉等、リアルな表現で現状把握したことが記載されているか。
（2）モニタリングは適切に実施されているか。	83	モニタリングは少なくとも1か月に1回、利用者の居宅を訪問し、利用者に面談をして行われているか。
	84	指定居宅事業サービス事業所等との連絡を継続的に行っているか。
	85	利用者及び家族のサービスに対する満足度、効果、サービス利用時の状況等が、利用者及び家族、サービス事業者等から把握されているか。
	86	短期目標の期間に応じて進行状況と目標の達成度、サービス内容等の評価がされているか。
	87	モニタリングの結果は、少なくとも1か月に1回、記録しているか。
（3）モニタリングの結果をふまえケアプランに反映されているか。	88	モニタリングの結果が利用者及び家族、サービス事業者に伝えられているか。
	89	モニタリングの結果をふまえ、ケアプランや個別サービス計画の検討や変更がなされているか。
	90	担当者会議の結果、継続して福祉用具貸与を受ける必要がある場合、その理由がケアプランに記載されているか。

7. サービス利用票、サービス利用票別表、サービス事業者の個別サービス計画

（1）サービス利用票、サービス利用票別表について	91	請求の分類と実績が第2表、第3表、サービス事業者の個別サービス計画の内容と一致しているか。
（2）サービス利用者の個別サービス計画はケアプランの内容を受けたものか。	92	利用者のニーズがケアプランと個別サービス計画に連動しているか。必要なサービスが位置付けられ、計画をしていないサービスが提供されていないか。
	93	サービス事業者がとらえているニーズの変化や新たなニーズについて情報提供されているか。
	94	目標の設定は適切か、サービス内容に対する時間の設定は適切か。
	95	利用者の生活歴からとらえられた個別性に応じたサービスの内容になっているか。

8. 全体を通して

全体を通して	96	利用者の自立支援、QOLの向上、介護者の介護負担の軽減につながるケアマネジメントがなされているか。

出典：2訂/介護支援専門員研修テキスト編集委員会編『2訂/介護支援専門員研修テキスト 主任介護支援専門員研修』日本介護支援専門員協会、pp.345-350、2018年を一部改変

第3章

OJT

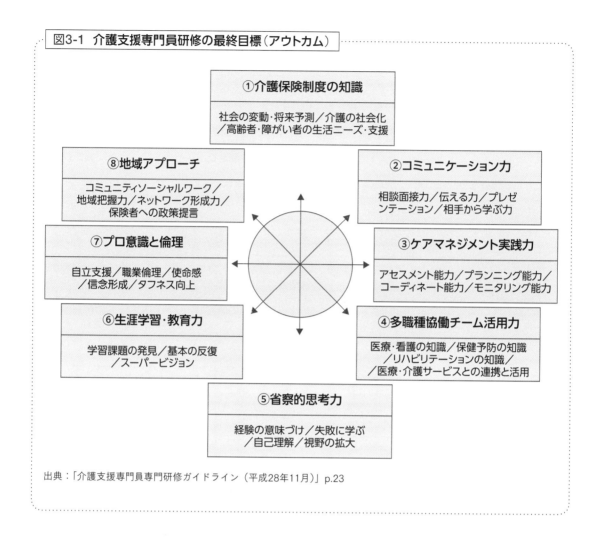

図3-1　介護支援専門員研修の最終目標（アウトカム）

①介護保険制度の知識

社会の変動・将来予測／介護の社会化
／高齢者・障がい者の生活ニーズ・支援

⑧地域アプローチ

コミュニティソーシャルワーク／
地域把握力／ネットワーク形成力／
保険者への政策提言

②コミュニケーション力

相談面接力／伝える力／プレゼ
ンテーション／相手から学ぶ力

⑦プロ意識と倫理

自立支援／職業倫理／使命感
／信念形成／タフネス向上

③ケアマネジメント実践力

アセスメント能力／プランニング能力／
コーディネート能力／モニタリング能力

⑥生涯学習・教育力

学習課題の発見／基本の反復
／スーパービジョン

④多職種協働チーム活用力

医療・看護の知識／保健予防の知識
／リハビリテーションの知識／
／医療・介護サービスとの連携と活用

⑤省察的思考力

経験の意味づけ／失敗に学ぶ
／自己理解／視野の拡大

出典：「介護支援専門員専門研修ガイドライン（平成28年11月）」p.23

2 誰がOJT指導者になるのか？

事業所や法人の規模、事業所や法人の考え方によってさまざまです。

❶ 管理者がOJT指導者を担当する場合

　管理者がOJT指導者を兼ねている場合、管理者が直接指導できるので、その期待や意向を伝えやすいという利点があります。一方で、管理者は、職員を評価する立場にあり、管理者とOJT指導者が同じである場合、職員が自身のできないことや不得手なことを隠してしまうおそれがあります。また、管理者はさまざまな管理業務を遂行する必要があり、OJTに活用できる時間が少なくなる可能性があります。管理者が自身の担当ケースを抱えている場合、いっそう、管理者には自身の業務時間をマネジメントする能力も要求されることとなります。

❷ 管理者以外の職員がOJTを実施する場合

OJTを受ける職員からすると、自分を評価する立場ではない職員の指導を受けるので、心理的負担は少なくなるという利点があります。また、管理者と異なり、OJTにあてる時間的余裕をつくりやすいといえます。なお、管理者からすると次の世代の管理者を育成するために、OJT指導者に期待する面もあります。事業所によっては、管理者よりも経験年数の長いベテランが担当することもあります。その場合、指導や取り組みの内容を、適切に報告させる必要があります。管理者の意図しない方向に進んでいないかどうか、報告・確認は常に必要です。

❸ OJT指導者以外にメンターをつける場合（メンター制度の導入）

新入職員のフォローのため、メンターをつける場合があります。メンターとは「良き指導者、助言者」といわれます（『広辞苑 第7版』岩波書店）。知識や経験が豊かな職員がメンターとして、新入職員や経験の浅い職員にアドバイスを送ったりその相談にのったりします。なお、指導を受ける職員をメンティと呼びます。指導育成という面ではOJTと同じ様子がありますが、OJT指導者と異なり、業務だけでなくプライベートでの困りごともフォローする要素が強くなります。また、他部署の職員や異職種をメンターとして任命する場合、同職種では尋ねにくいことを相談できる、異なる部署や職種から助言やアドバイスを得られるといったメリットがあります。

新入職員の場合、環境が大きく変化するなかで、心配ごとやわからないことを多数抱えている場合があります。メンター制度には、管理者が気づき難いこと、新入職員が聞きにくいことなどを、フォローできるメリットがあります。なお、業務以外の時間を使うことになりやすいので、メンターの負担は考慮すべきでしょう。

❸ OJTを行うために必要なことや留意点

❶ コミュニケーション技術

指導育成の場においてもコミュニケーション技術を活用します。

相手が何を考えているのか、どのような思いをもっているのか等を把握する必要があります。OJT指導者は、職員が多くの場面でプレッシャーを感じながら指導を受けていると認識して指導を行います。また、職員は、OJT指導者を見本とし、その表現方法を「真似る」ことから業務をスタートさせます。自身の指導が、職員の日々の業務に影響を与えます。職員が成長して、指導する立場になった際、自身が受けた教育方法を取ることが多くあります。「人は自分が教わったように、他者に教える」との言葉もあります。指導者は自身の言葉にも配慮が必要です。

職員の発言を聴く際のOJT指導者の言動も、職員にとって、コミュニケーションを学ぶ機会となります。

　指導の際、双方の座る位置も教育的意味合いをもちます。職員は座る位置による効果を実感することになります。

　正面で座ると、しっかり話を聞くともいえますが、取り調べのような圧力を感じる可能性があります。もちろん、厳しく接する必要があれば、対面で座ることは効果的です。

　横に並ぶと視線が合わないので、圧力は感じないものの、手の届く範囲の「パーソナルスペース」に指導者が入る息苦しさを感じる可能性があります。また、近すぎると指導者と指導される側の関係性が馴れ馴れしくなる危険性もあります。

　斜めに位置すると適度に視線を外すことができるので、職員は緊張感から解放されやすくな

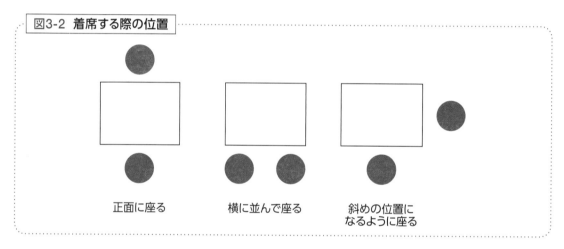

図3-2　着席する際の位置

正面に座る　　　　横に並んで座る　　　　斜めの位置に
　　　　　　　　　　　　　　　　　　　　なるように座る

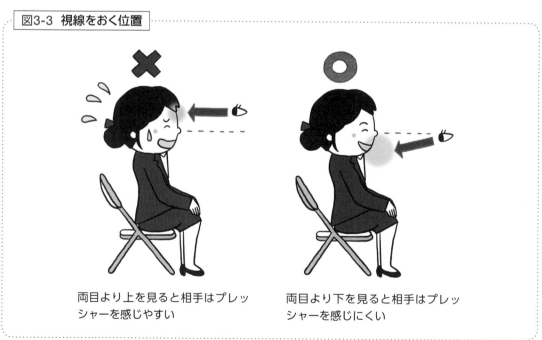

図3-3　視線をおく位置

両目より上を見ると相手はプレッ　　　　両目より下を見ると相手はプレッ
シャーを感じやすい　　　　　　　　　　シャーを感じにくい

ります（**図3-2**）。

　両目を起点としてそれよりも上の部分（額）を見ると、見られた人はプレッシャーを感じやすくなります。

　目の下側を見ると、見られた人はプレッシャーを感じにくくなります（**図3-3**）。

❷ コーチングとティーチング

　人材育成のコミュニケーション手法として、コーチングとティーチングがあります。

　コーチングは、職員の可能性を信じて個性や自発性を尊重します。「答え」は職員がもっていると考え、指導者は職員がそれに「気づく」支援を行います。

　一方、ティーチングは職員の知識や技術が低い場合に活用され、指導や指示が中心となります。「答え」は指導者がもっているとの考え方です。

　職員の習熟度に応じてふさわしい手法を選ぶことになります。

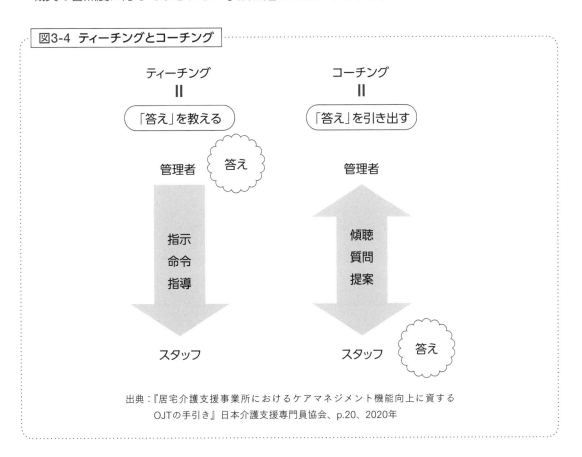

図3-4　ティーチングとコーチング

出典：『居宅介護支援事業所におけるケアマネジメント機能向上に資する
OJTの手引き』日本介護支援専門員協会、p.20、2020年

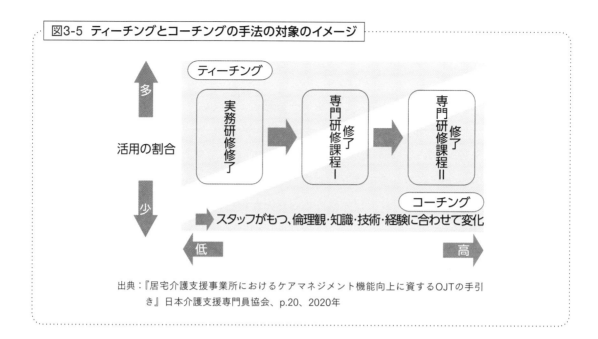

図3-5 ティーチングとコーチングの手法の対象のイメージ

多

活用の割合

少

ティーチング

実務研修修了 → 専門研修課程I 修了 → 専門研修課程II 修了

コーチング

→ スタッフがもつ、倫理観・知識・技術・経験に合わせて変化

低 ← → 高

出典：『居宅介護支援事業所におけるケアマネジメント機能向上に資するOJTの手引き』日本介護支援専門員協会、p.20、2020年

❸ 注意の仕方、しかり方

　職場の、または顧客からのハラスメント防止に向けた取り組みは欠かすことはできません。一方で、職員へ指導する際、パワーハラスメントとなることをおそれて、必要な指導ができなければ本末転倒です。

　注意する際、イライラした感情を乗せたり、余計な言葉や態度を付け加えるとハラスメントになる可能性があります。

　「入職して〇年目なのに、〇〇もできないのか」「何回、説明したらわかるの」といった言葉の裏には、基本的なことができていないという指導者の思いがあるのかもしれませんが、これでは単なる悪態です。足りない点や改めてほしいことを具体的に伝える必要があります。

　人前で注意すると、他の職員が見ているので、注意された内容ではなく、人前で注意されたという嫌な思いしか残らない危険性があります。また、それを見ている職員もよい思いはしないと思います。注意の内容によっては、別室で対応するなどの配慮が必要です。

　職員の言動が適切でないと考えた場合、職員に自身の言動を改めて言語化させて、何がよくないのか尋ねることが指導方法として有益です。単に「ダメ」と伝えても何が適切でないのか理解できなければ、注意した時間が無駄となります。

指導者：先程、〇〇さんへ電話していましたよね。どのように伝えたか、再現してください。
職員　：「〇〇さんは訪問介護を使うべきです。私が紹介します」と伝えました。
指導者：その発言について、どのように思いますか？
職員　：少し押しつけが強いように思います。

指導者：では、どのようにするのがよかったですか？

職員　：「○○さんの状況を考えると、訪問介護か、宅配サービスを活用するのがよいと思います。○○さんはどう思われますか？」　と表現するほうがよいと思います。

指導者：はい、そうですよね。利用者の主体性を尊重することが大事ですよね。

OJT指導者に求められる資質

1 行うべきことを適切に把握する

OJT指導者には、居宅介護支援事業所の職員が質を保ち、適切に業務を遂行できるように育成するという役割があります。その役割を果たすには居宅介護支援事業所の業務や遵守すべき事項を正しく理解・把握する必要があります。

まずは運営基準の理解は欠かせません。伝え聞いたことを指導するのではなく、根拠を踏まえて、理解したうえで業務に臨み、指導・教育を適切に行う必要があります。

また、運営基準などの見直しにより、業務の内容が変わったり方法を変更したりすることもあります。例えば、2021（令和3）年3月には、居宅サービス計画書標準様式とその記載要領に見直しがありました。これは、介護支援専門員の業務に直結します。内容を理解したうえで業務に臨む必要があります。OJT指導者は見直しの内容を確認、把握して指導にあたることが求められます。

2 指導する

介護支援専門員は、実務研修を通じてケアマネジメントの基礎的な知識を学びます。しかし、具体的に業務として実践するには理解や把握が決して十分ではないと考えるほうがよいでしょう。

実際のOJTにあたっては、業務ごとに①説明する、②実際の現場を見せる、③実践させる、④評価・フィードバックをするというサイクルを繰り返すことになります。アセスメントを例に、4つの場面について見ていきましょう。

❶ 説明する

業務の根拠となる法令のほか、課題分析標準項目の内容などについて説明します。

❷ 実際の現場を見せる

OJTにあたり、職員が同席することについて、利用者・家族から同意を得ます。

なお、ただ漫然と同席するだけでは、十分な教育効果は期待できません。利用者・家族との面接場面で、何に着目するか事前に示しておくことが大切です。

表3-3 OJT（アセスメントの場面）において説明すべきこと

- 業務の根拠となる法令（指定居宅介護支援等の事業の人員及び運営に関する基準第13条第7号）
- 課題分析標準項目
- 課題分析方式（居宅サービス計画ガイドライン、MDS-HC方式など、事業所で利用している方式）
- アポイントの取り方
- 訪問時のマナー
- 面接に同席する際の座る位置
- 面接時の利用者との会話に参加してもよいかどうか
- メモを取る場合のマナー

指導者：今日はアセスメントの面接に同席してください。

職員　：はい、お願いします。

指導者：緊張してますか？

職員　：はい、でも大丈夫です。

指導者：面接では、どこに着目しますか？

職員　：そうですね〜、たくさんありますが、どこから、何を聞くのか悩んでいるので、そこに着目したいです。

指導者：そうですね、大事ですよね。

職員　：（少し微笑む）

指導者：緊急を要することがないか、まずは確認が必要です。

職員　：確かに、そうですね。

指導者：今回は確認する順番に着目してください。

職員　：わかりました！

❸ 実践させる

　実際に職員にアセスメントに関する業務を実施させます。わかったつもりでいても、実際にできるとは限りません。また100点満点の仕上がりを期待せず、「そこそこでよい」という「ゆとり」を指導者がもつことが重要です。

❹ 評価・フィードバックをする

　褒めるべきことがあれば、すぐに褒めます。実践を振り返り、その内容を言語化するよう促しましょう。

　事前に示したポイントと実際との差を確認するとともに学習課題や次の実施における注意点があれば、説明します。

　説明の際、根拠を示す必要があります。「行うこと」だけを伝えても、単なる丸暗記となり、応用が利きません。法的根拠を正しく伝えず、間違えたまま解釈すると運営基準違反につなが

るおそれがあります。

　また、介護支援専門員が行動する際の意味を伝える必要があります。面接時の会話は単なる世間話ではありません。何を意図した発言か、説明する必要があります。

指導者：利用者との面接と世間話とでは、何が違うと思いますか？
職員　：わかりません。これまで介護職員として利用者と接するときは、ケアしながら、テレビで見たことを話すことが多かったです。
指導者：確かに、それはあるよね。
職員　：そうですよね、雰囲気を和ますためには世間話はあったほうがよいと思います。
指導者：無言でケアするのも、ね。
職員　：世間話をするほうがよいかどうかは、その人の好みがあると思います。
指導者：そのとおりです。一方、面接では、その目的を考えたうえでの発言が必要です。
職員　：なるほど。
指導者：面接では、何を目的としているのか説明できるようにする必要があります。
職員　：考えて発言する必要があるのですね。
指導者：そうそう、それが対人援助職としての基本です。決して、思いつきではないのです。

３ 支援する

　OJT指導者が職員を支援する目的は次の３点です。
①　事業所の職員として、退職せずに継続就労できるように支援する。
　　経験年数の浅い介護支援専門員や初めて実務に就く介護支援専門員に、適切な育成がなければ退職につながるおそれがあります。また、就労意欲が向上できるように支援することもOJT指導者の大切な役割です。
②　介護支援専門員として実務できる力量をもつことができるように支援する。
③　介護支援専門員として、力量を高められるように支援する。

４ ロールモデルになる

　OJT指導者は望ましい「あるべき姿」を見せる必要があります。習字でも良い手本があれば、早く上達します。介護支援専門員も同様です。
　OJT指導者も自己学習が必要です。業務遂行にあたり要求される知識は変化します。また、研修に参加して自身の知識や技術を高める姿は職員の手本となります。

5 指導・支援を通じて自身が成長する

　OJT指導者は、職員のロールモデルになることが期待され、指導にあたっては、準備も含めて大きな負担があります。しかし、人に教えることは自身の知識や技術の振り返りにつながり、自分の学びにも効果的です。自身の成長の機会と前向きに考えて臨みます。

新任介護支援専門員の特徴を踏まえたOJT

　介護支援専門員は少なくとも 5 年の、いわゆる基礎資格に基づいた業務経験が求められます。介護福祉士を基礎資格とする介護支援専門員の割合が増加しており、第25回介護支援専門員実務研修受講試験ではその割合は59.0％を占めています（**表3-4**）。

　介護支援専門員実務研修受講試験については、保健・医療・福祉に関する業務に 5 年以上従事していることが受験条件となっています。つまり、居宅介護支援事業所で初めて介護支援専門員の実務に就く場合であっても、保健・医療・福祉に関する何らかの業務の経験があるということです。入職後の育成において、実務経験があることは尊重すべきです。一方、いくつか注意すべきことがあります。

表3-4　職種別合格者数（上位5職種）

職種	人数	構成比率
介護福祉士	6,096人	59.0%
看護師、准看護師	1,849人	17.9%
社会福祉士	815人	7.9%
理学療法士	594人	5.8%
作業療法士	285人	2.8%
全合格者合計	10,328人	－

1 自身の過去の業務に影響を受けすぎないこと

　これまでの経験を踏まえた、介護支援専門員の業務に対するイメージをもっている場合があります。「前職では連携したケアマネジャーは〇〇してくれた」と指導の際に聞く場合も多いと思います。訪問介護事業所での勤務経験のある介護福祉士であれば、訪問介護事業所や訪問介護員の立場で居宅介護支援事業所の役割をイメージする場合があります。

　居宅介護支援事業所の役割や介護支援専門員の業務について、根拠をもって説明する必要があります。

2 直接援助職とのギャップ

　看護師や介護福祉士などの場合、直接、自分自身が看護や介護を提供して、利用者を支援します。一方、介護支援専門員の場合、直接サービスを提供することはありません。状況によっては、利用者にかかわる頻度がモニタリングの月1回となることも少なくありません。利用者の生活全般を支援することになり、サービスを自身で提供しなくなるので、「物足りなさ」を感じる場合があります。

　また、利用者から依頼されると、自分から進んで直接援助を行う傾向もあるように感じます。業務内容が異なることを職員に説明して、理解や納得を得ることが必要となります。

3 基礎資格の視点で考える可能性

　基礎資格があることは、介護支援専門員として業務に従事する際、有益です。他の職種であれば新卒の場合、実習経験のみで入職し、実務に就くことになります。一方で、介護支援専門員は、基礎資格とそれに基づく経験があるので、介護支援専門員の視点ではなく、基礎資格の視点で考えることがあります。それはそれで貴重な視点ですが、介護支援専門員として考える必要があることに注意します。

4 職員を理解する

　誰しも、自身の経験やこれまでに習得したことに影響を受けます。それを尊重する姿勢は重要ですが、指導にあたっては、職員の視点や思考の根拠を確認したうえで、その後の指導に活用する必要があります。

OJTと他の育成方法との関係

1 スーパービジョン

　スーパービジョンは業務の質を保つ体制です。一方、OJTは人材育成の手法です。さまざまな定義や考え方がありますが、教育や職員のサポートなどの共通点も多くあります。両者の主な違いをまとめました。

表3-5　OJTとスーパービジョン

	OJT	スーパービジョン
対象	特に新人	新人～中堅～ベテランと経験不問
個別性	低い　全般的	高い　個別対応が基本
場所	職場で行う	職場で行う 職場外で自主的な個別契約も含む場合がある
範囲	業務全般	特定の業務、ケース対応
目的	職場で必要な基礎知識・技術の伝達	基礎知識・技術の活用

　OJTは、職員が業務全般を過不足なくできるように、現場業務を活用して業務に必要な知識や手順、注意点を教える手法です。職員が一定のレベルに到達できるようにするため、職員全員に同じ教育を行います。

　一方、スーパービジョンの教育的機能は限定された職員に対して、特定のケースや業務に的を絞った職員教育です。また、OJTは業務指示として行います。スーパービジョンが有効活用されるには双方の同意、つまり契約が必要となります。

　職員が業務を一通りできるようになると、OJT指導者は役目を終えます。スーパービジョンは新人から中堅、ベテランまですべての階層が対象となります。

　OJTは入職から主任介護支援専門員研修受講までを主な対象として行われ、スーパービジョンは新人から行われるものの、主任研修よりも上位者も対象となります。

　対人援助職の現場におけるスーパービジョンの重要性は以前から指摘されています。一方で、自分がスーパービジョンを実施することの難しさを感じる人が多いと思います。介護支援専門員へスーパービジョンを行うと研修で説明されてもスーパービジョンを受けたことがない、どうすればよいのかという主任介護支援専門員の戸惑いの声を多く聞きます。単なる個別指導とスーパービジョンは異なります。スーパービジョンはスーパーバイザーとスーパーバイ

ジーの契約に基づいて行われ、期待される効果、実施方法などに関する互いの理解や合意が前提となります。なお、スーパービジョンを行う人をスーパーバイザー（バイザー）といい、スーパービジョンを受ける人をスーパーバイジー（バイジー）といいます。

　介護支援専門員が支援する利用者はさまざまな価値観をもち、一人ひとり異なる人生経験があり、その個別性に応じた支援が求められます。個別性に対応できるよう、支援の質を適切に高めるには、スーパービジョンは不可欠です。スーパービジョンは業務の質を保つ体制、そのためのさまざまな取り組みです。あえてスーパービジョンを意識しなくとも、従前、事業所で行われてきた教育や管理体制はスーパービジョンであり、体制としてはすでにあるといえるのではとの考え方もあります。スーパービジョンについては、1つのケースを、時間をかけてじっくり取り上げなければならないと考えられがちで、そのことが、スーパービジョンに対する敷居を高くしている理由の1つかもしれません。確かに、多くの場合でケースを活用して行われますが、プロセスの一場面を切り取って行うこともできます。スーパービジョンの目的や手順などを明らかにし、OJTと併用して取り組むことが望ましいでしょう。

❶ スーパービジョンの留意点

❶ バイザーとバイジーを決定する

　同意のないスーパービジョン関係は効果が期待できません。バイザーを管理者が務めるのか、教育担当者が務めるのか、他部署の職員や他職種が担当するのか、検討や確認が必要です。何となくの指導や助言はスーパービジョンではありません。スーパービジョン関係において、バイザーはバイジーの業務に責任をもちます。他機関に相談することはコンサルテーションとして、スーパービジョンと区別する考え方もあります。

❷ 実施時期の検討

　定期的に行うのか、緊急性や時期を考えて実施するのか、バイザーとバイジーであらかじめ決定しておきます。

　業務の質を保つ体制がスーパービジョンです。したがって、業務時間内に行うことが基本です。心理職のように、業務時間外で職場以外のスーパーバイザーと個別のスーパービジョン契約を締結する場合はその個人の判断です。外部のバイザーとのスーパービジョンを受ける場合、個人情報や事業所の機密情報の取り扱いについては文書で契約が必要です。

❸ コミュニケーション

　スーパービジョンはケースワークの面接技術を活用します。一方的な注意、押しつけはスーパービジョンではありません。バイジーはバイザーとのスーパービジョン関係でケースワーク

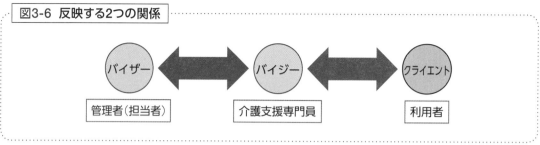

図3-6 反映する2つの関係

バイザー　管理者（担当者）
バイジー　介護支援専門員
クライエント　利用者

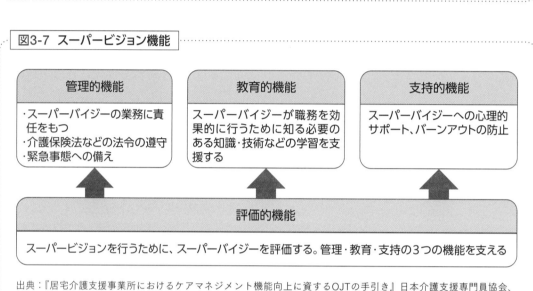

図3-7 スーパービジョン機能

管理的機能	教育的機能	支持的機能
・スーパーバイジーの業務に責任をもつ ・介護保険法などの法令の遵守 ・緊急事態への備え	スーパーバイジーが職務を効果的に行うために知る必要のある知識・技術などの学習を支援する	スーパーバイジーへの心理的サポート、バーンアウトの防止

評価的機能

スーパービジョンを行うために、スーパーバイジーを評価する。管理・教育・支持の3つの機能を支える

出典：『居宅介護支援事業所におけるケアマネジメント機能向上に資するOJTの手引き』日本介護支援専門員協会、p.18、2020年

技術も学ぶことについて、双方が留意する必要があります。

　グループで行う場合、グループにはたらくメカニズムを活用します。バイザーの意見だけでなく、自分と同じ立場の人から、異なる意見が出ると価値の多様性に気づきやすくなります。

❷ スーパービジョンで事例を用いる場合

　事例検討は、支援事例の進め方、対応方法や手段を中心に考えます。スーパービジョンの場合、バイジーの価値観や利用者とのかかわり方に焦点を当てます。両方ともに意義のあることですが、どちらに重きを置くかで、進め方が異なります。

2 OFF-JT

　人材育成には、スーパービジョンやOJTだけでなく、OFF-JTやSDSなどの手法もあります。
　OFF-JT（Off the Job Training）は、職務命令で、日常の職務を離れて行われる研修です。職場で行う場合もあれば、職場外で受講する場合もあります。何らかの期待する効果があり、研

修を受講させます。職場では教育や習得が難しい事項に関して、教育を受けさせることができます。また、職務を離れて行うので、職員のリフレッシュ効果も期待できます。ただし、受講する職員の姿勢や意識次第で、効果が大きく左右されます。

　SDS（Self Development System）はなじみが薄いと思います。職員の自主性が前提となります。例えば、職場で月刊誌の『ケアマネジャー』を定期購読しているとします。業務指示で読む場合、OJTの一環となります。

　SDSの場合、職場で職員が自由に読めるような環境を用意することになります。読むかどうかは職員の自主性に委ねられます。専門職として力量を高めるため、専門誌を読むことを当然とする雰囲気があれば、読むようになりやすくなります。SDSは職員の「力量」「意欲」や場の「雰囲気」に影響を受けます。管理者や教育担当者が模範を示すこと、雰囲気づくりをすることが重要となります。また、意欲のある職員の場合、SDSの環境がよくないと事業所が質向上の取り組みをしていないと評価する可能性があります。

表3-6　OJT、OFF-JT、SDS

	OJT 職務を通じての研修 職場の上司（先輩）が職務を通じて、または職務と関連させながら、部下（後輩）を指導・育成する研修	OFF-JT 職務を離れての研修 職務命令により、一定期間日常職務を離れて行う研修。職場内の集合研修と職場外研修への派遣の２つがある	SDS 自己啓発援助制度 職員の職場内外での自主的な自己啓発活動を職場として認知し、経済的・時間的な援助や施設の提供などを行うもの
なぜ？	職員のレベルに応じた、実践的な能力を高めるために	職員の視野の拡大や、専門的能力の習得のために	職員の自己成長を助けるとともに、職場を活性化するために
誰が？	職員の上司（先輩）が直属の部下（後輩）に対して	職場内外の講師（指導者）が職員に対し、あるいは職員が相互に	職場が、援助を希望する職員に対し
いつ？	日常の職務（仕事）を通じて常に	日常の職務を離れて（ただし職務扱いで）	職員の望む自由な時間に（職務時間外に）
どこで？	職場で	職場の研修室や会議室、または外部の研修会場等で	職員の望む場所で（職場の内外で）
何を？	職務に必要な態度や価値観、知識や情報、技術や技能を	職務に必要な態度や価値観、知識や情報、技術や技能を	職場が必要性を認めた職員の自己啓発活動について
どうする？	日常的あるいは意図的・計画的に指導・育成する（個別指導と集団指導がある）	目的に応じた様々な研修技法により習得させる（相互学習する）	経済的・時間的・物理的な援助を行う

出典：『人材も組織も育つ職場研修　職場研修の手引き≪実践編≫』兵庫県社会福祉協議会、p.2、2010年

第 5 節
OJTの実施計画における立案と展開

1 OJT実施計画を検討する

　居宅介護支援事業所では、同一事業所の主任介護支援専門員あるいは管理者が、すべての介護支援専門員を対象に研修計画を立てるとともに、一人ひとりに即した「個別研修計画」を立案します。

　OJT実施計画を立案し、計画に位置づけた取り組みを実践していくことは、介護支援専門員として必要な知識や技能を修得してもらうために欠かすことができません。

　それには何が必要でしょうか。

　OJT指導者が毎日、出社後、その日その日の仕事を介護支援専門員に教えていくとしたら、どうでしょうか。

　介護支援専門員は、毎日の仕事に追われて日々を過ごすことになり、新人の介護支援専門員、また経験のある介護支援専門員も先の見えない不安を感じることになります。

　OJT実施計画を立案することは、例えば1年後に「一人前の居宅介護支援専門員を育成する」という長期的な目的を土台とし、1か月ごとの短期的な目標が明確であるということです。さらに、1週間の仕事、1日の仕事というように計画に基づいて育成していきます。介護支援専門員の目標達成を誰の目にも明らかにする形で実施計画を立案できなければなりません。

　介護支援専門員の力を把握し、目標を達成するには何をすべきか整理し、解決していくための課題を把握して、具体的な方法を考え、実行に移します。

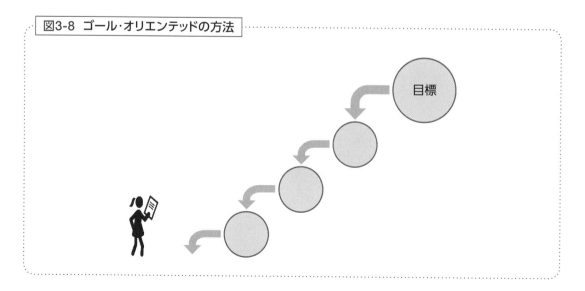

図3-8　ゴール・オリエンテッドの方法

目標

2 PDCAサイクルによる研修管理

OJT指導者あるいは管理者がPDCAサイクルによる研修管理を行うにあたっては、「4つの目」が必要です。

事業所、あるいは法人等を含めた地域全体を俯瞰して見る「鳥の目」。事業所に求められている担当件数、介護支援専門員のケアマネジメントプロセス等の質の向上については、掘り下げて細かく見る「虫の目」も必要です。

さらに、介護保険法の改正や介護報酬の改定などの、社会の流れのなかで考えるマクロの視点である「魚の目」。また、「コウモリの目」も大切です。これは、一方向からのみ見るのではなく、見方を変える、逆の立場で見るという、リフレーミングの視点です。

表3-7 OJT指導者（管理者）に求められる「4つの目」

鳥の目	俯瞰する視点
虫の目	掘り下げて細かく見る
魚の目	状況を判断し、流れを見る
コウモリの目	逆の立場から見る、見方を変えて見る

図3-9は、人材育成におけるPDCAサイクルの一例です。

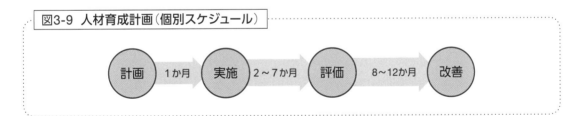

図3-9 人材育成計画（個別スケジュール）

計画 → 1か月 → 実施 → 2～7か月 → 評価 → 8～12か月 → 改善

3 介護支援専門員を指導する

介護支援専門員に対するOJTの目的は、介護保険制度およびケアマネジメントの基本理念である「自立支援」を理解し、1人で業務を遂行できるようになることです。

実施計画の立案にあたっては、その業務を行ううえで必要なスキルの習得方法や期間も考慮しながら、対象者の現状に合わせた現実的な内容にします。進捗管理や課題確認、フォローアップをしながら実施計画を軌道修正することも必要です。

なお、OJT指導者にとって、OJTは、新人の指導を通じ、自分の日々の業務を振り返る機会にもなります。

❶ 1対1のOJT指導の場合

OJTにあたり、どのような形が適切でしょうか。

1対1で行うOJTを考えてみましょう（**図3-10**）。OJT指導者が個別に指導する場合です。メリットは、同じ指導者が指導、教育するので、ケアマネジメントプロセスに対する考え方、方法、行政への対応、利用者への対応の仕方、問題が起きた際の対応等について一貫性があることです。

また、1対1の場合、指導する側が、OJTを通じて指導される側の性格や癖を熟知するようになり、その特徴にあった指導をすることができます。

しかし、OJT指導者は、新人介護支援専門員に対する指導だけを業務としているわけではありません。担当している利用者への対応のほか、地域の居宅介護支援事業所との活動や会議等もあります。自らの仕事と指導で業務量が多くなってくると、精神的な負担を感じることになります。

一方の新人介護支援専門員は、忙しく仕事をしているOJT指導者にいつ教えをこえばよいのかわからず、躊躇することにもなります。

❷ 1対複数のOJT指導の場合

次に、管理者あるいはOJT指導者が事業所で働く他の介護支援専門員にも協力してもらいながら複数で行うOJTについて考えてみましょう（**図3-11**）。

図3-10　1対1のOJTの場合

図3-11　1対複数のOJTの場合

介護支援専門員の根幹となる「ケアマネジメントプロセス」の内容とその方法、注意点などに関する指導については主にOJT指導者が担当し、業務の内省支援、つまり「振り返り」「概念化」については管理者といったように役割を分担するのです。

❸ 精神的支援の必要

業務にかかわる指導、支援のほか、精神的に安心感を与える支援も必要です。初めての職場で人間関係等について不安を抱えていると思われる介護支援専門員には、事業所の一員であるという気持ちをもてるような声かけをし、風通しのよい人間関係をつくることが大切です。

1920年代後半、電話機などを製造しているアメリカのホーソン工場で生産性を高める調査が行われました。

「仕事の満足度や生産性を左右するのは、物理的な作業条件よりも、働く仲間の協力や価値の実感」であり、「作業能率は、客観的な職場環境よりも職場における個人の人間関係や目標意識に左右されるのではないか」という調査結果でした。打ち解けやすく、人を中心に考え、配慮のある責任者のグループは作業能率が上がったのです。約100年前の調査ですが、現代にも通じるところがあると思われます。

4 OJTの目標設定

OJTは、管理者、OJT指導者あるいは他の介護支援専門員から指導を受けて効率的に成長を促すものです。その効果をより高めるには、適切な目標設定が重要です。それぞれの能力に配慮しながら、目的意識をもって目標設定をしましょう。

❶「SMART」の法則と「FAST」の法則

「SMART」の法則は、一般的なマネジメントの目標設定の考え方ですが、介護支援専門員のOJT目標設定にも応用できます。コンサルタントのジョージ・T・ドラン博士が1981年にマ

表3-8 「SMART」の法則

Specific（具体的である）	具体的で明確な目標を設定する
Measurable（計測できる（数字で表示））	達成できたのかどうか、どの程度達成できたのか測定できる目標を設定する
Achievable（達成可能である）	希望や願望ではなく、実現可能性のある目標を設定する
Relevant（関連性があり妥当である）	事業所の理念、経営目標と関連する目標を設定する
Timely（期日が明確である）	いつまでに達成するのかその期限を設定する

ネジメント誌に発表したもので、目標の設定にあたりその考え方を表す、Specific（具体的である）、Measurable（計測できる）、Achievable（達成可能である）、Relevant（関連性があり妥当である）、Timely（期日が明確である）の頭文字から名づけられています。

居宅介護支援事業所に当てはめて考えてみましょう。

例えば、「具体的」とは、「認知症カフェに定期的に参加する」、「測定可能な」は「認知症に関する勉強会を年に4回参加する」、「達成可能な」は「特定事業所加算（Ⅲ）を取得する」、「関連性」は「地域で必要とされる事業所になる」、「期限」は「1年後」という具合です。

SMARTの法則は実現可能性を重視します。一方、"野心的"な目標を掲げる「FAST」の法則もあります。Frequent（頻繁）、Ambitious（野心的）、Specific（具体的）、Transparent（透明性）の4つから名づけられています。

表3-9 「FAST」の法則

Frequent（頻繁）	目標について頻繁に議論する
Ambitious（野心的）	不可能でない範囲で、野心的な目標を設定する
Specific（具体的）	具体的な目標を設定する
Transparent（透明性）	ほかの職員が明確にわかるように透明性を確保する

❷ 育成計画の一例

新人介護支援専門員の具体的な育成計画の一例を**表3-10**に示します。

3か月間を計画の対象としました。その期間に本人が取り組んだ業務、本人の振り返りを記載し、3か月間が終了した時点で、OJT指導者と面談し次の3か月間の育成計画を作成します。

表3-10 育成計画の例

育成項目	①　業務運営ルールや業務の流れを理解する。 ②　地域包括支援センター、通所介護、訪問看護等の関係機関との連携を密にする。 ③　OJT指導者に同行し、契約、アセスメント、サービス担当者会議、ケアプラン原案作成、説明・同意、モニタリングを体験し、運営基準を満たした自立支援に資する業務遂行ができる。
職務内容	● 地域包括支援センター訪問 ● 地域の通所介護、通所リハビリテーション、訪問看護、訪問リハビリテーション等、各事業所の特色を把握し、利用者に適切なサービス事業所を紹介する ● 担当利用者との信頼関係をつくる ● 新規利用者との契約、アセスメント、サービス担当者会議、ケアプラン原案作成、モニタリング作成を実施する ● 各事業所へのサービス利用票、ケアプラン送付等の月末の業務を把握する ● 利用者への訪問日、利用票、サービス担当者会議、ケアプラン交付、更新、区分変更等をチェックする

5 目標管理制度（MBO：Management by Objectives）

　目標管理制度は、法人あるいは居宅介護支援事業所それぞれの経営目標に、介護支援専門員一人ひとりの目標を連動させ、業績をあげることを目指すものです。組織と個人が目標を追求することで、組織の発展と個人の成長をともに実現することが目的です。

　介護支援専門員は、OJTの一環として、法人あるいは事業所の目標を認識し、介護支援専門員として、それぞれが自らの課題と考える個人の目標を設定します。

　一人ひとりの業務に対する主体的な取り組みを促し、自己実現に向けた動機づけを行いながら、組織目標と個人目標の統合化を図ることで、組織効率の向上と経営戦略の効果的な実現を目指します。ちなみに目標管理制度は、「マネジメント」の発明者であるピーター・ドラッカーによって提唱されました。

　目標管理制度では、①能力開発、②職務遂行、③業務改善、④業績の4つについて目標を設定します（**表3-11**）。

表3-11　4つの具体的な項目

①　能力開発目標
②　職務遂行目標
③　業務改善目標
④　業績目標

　「4つの具体的な項目」をどの程度達成したかによって人事考課の評価が決まります。

　個人目標の達成状況については、随時OJT指導者あるいは管理者と確認し、改善措置を考えます。目標計画終了時には介護支援専門員は、振り返り、自己評価を行い、OJT指導者または管理者からそれに対するコメントをもらい、法人の上司から評価を受け、次の段階に進みます。

　次の目標を設定する際には、確実に達成可能な目標を掲げるのではなく、努力を必要とする目標を設定し、さらなる成長を目指します。

　目標管理制度の運用にあたっては、目標管理シートの作成を通じて、PDCAサイクルを展開させることになります（**表3-12**）。

表3-12　目標管理シートのPDCA

P…適切な目標を設定する
D…目標作成後、行動を計画して実行する
C…定期面談により進捗を確認する
A…客観的な評価・評価後の支援

❶ 目標管理シートの作成と活用

　介護支援専門員が目標管理シートを作成し、それをどのように活用していくか、流れを追ってみてみましょう。

① 　介護支援専門員は、自らの課題を明らかにします。

　「介護支援専門員自己評価表 Ver.2018」または「評価表」に基づいて課題を明確にします。

② 　目標を設定し、行動計画を立てます。

　設定した個人目標に沿って実際の行動計画を立て、目標を達成するためにどのように行動するかを具体的に考え、「何について」「どのようなレベル」にするのかを記入します。

　例えば、2種類の目標管理シートを作成するとよいでしょう。

　1つは、事業所の具体的な収益目標も記載した目標管理シート、もう1つは主に、介護支援専門員自身が専門職としての資質向上のために作成する目標管理シートです。「どのような事柄」を「どのような手段」によって「どのくらいの期間」で達成するかを記載します。

　「挑戦しながら学ぶことができる」目標を立てて、達成に向かうことが必要です（**表3-13**、**表3-14**）。

③ 　管理者は、作成された「目標管理シート」に基づいて介護支援専門員と面談します。

　目標の難易度設定、達成するための手段、達成に至る期間について介護支援専門員と検討し、計画を確定させます。

④ 　介護支援専門員は確定された「目標管理シート」に基づき研修等に取り組みます。

⑤ 　管理者はあらかじめ決めた時期に「中間面談」をします。

　中間面談の時期は、介護支援専門員の状況や目標の内容に合わせて、「1か月後」「3か月後」「6か月後」と、柔軟性をもって設定します。

　介護支援専門員が取り組んでいる業務に対して、単に「できている」「できていない」という評価にとどめず、介護支援専門員が抱えている課題に対して、ティーチングやコーチングの手法を活用し、助言者として支援します。経過を聞いた後、必要に応じて、軌道修正を提案します。

⑥ 　介護支援専門員は、決められた評価時期に目標の達成度を自己評価します。

　「介護支援専門員自己評価表 Ver.2018」または「評価表」に基づいて計画立案時の評価と比較し、その違いや変化を確認します。

　介護支援専門員は期末評価欄に「振り返り」「自己評価」を記入します。管理者は他の介護支援専門員の意見も参考にしながら、「最終評価」を記入します。

⑦ 　管理者は介護支援専門員が評価した「目標管理シート」に基づいて介護支援専門員と面談します。

　目標達成が叶わなかった場合は、「問題は何だったのか」「どうすれば目標を達成できたの

か」といったことを介護支援専門員自らが考え、それをOJT指導者あるいは管理者は支援することを忘れてはなりません。

　本人の自己評価よりもOJT担当者や管理者の評価が低かった場合も、介護支援専門員の自己評価の理由を聞いた後、なぜそのような評価になったかを説明し、介護支援専門員に「納得感」を与えましょう。

　また、努力はしたものの、思うような結果にならなかったという場合もあります。介護支援専門員の努力を認め、「これからも頑張ってほしい」と言葉をかけることが大切です。

❷ 目標管理制度のメリット

能力の開発や育成…介護支援専門員は、目標に向けた努力を通じて、能力を伸ばすことができます。努力すれば到達可能な範囲の達成目標を設定することで、自己成長を実感することができます。介護支援専門員は主体性や自律性を養うことができ、管理者やOJT担当者は、節目ごとに面談をし、適切な忠告をすることで、育成効果を実感できます。

意欲の向上…マズローの欲求5段階説のうち、「承認欲求」は、自己実現や意識づけ、自立性を得ることで満たされます。自立性があるからこそ意識の向上があり、自らの仕事をマネジメントし、自己管理することができるのです。

人事考査…目標と結果が明確なので、評価が容易にできます。

❸ 目標管理制度のデメリット

　目標管理制度と評価制度・報酬制度とを連動させた場合、高評価や昇給のために目標を低めに設定する傾向が出てくることもあります。

　目標管理制度は、PDCAサイクルを回して業務管理をスムーズにする優れた制度ですが、人事や評価と連動することが多くなると、目標管理制度を適切に使っているとはいえません。

❹ 目標管理制度のあり方

　介護支援専門員は管理者やOJT担当者からの評価に不満をもつことがあります。

　一方、OJT指導者や管理者もまた、公平な評価につながっているかどうか不安を抱くこともあります。

　目標管理制度を正しく運用するには、公平性や客観性を担保するため、達成度評価の基準を明確にします。評価の経過が見えるように、制度の透明性を保つことが必要です。

　目標達成だけを評価基準として考えるのではなく、行動や業務に対する姿勢を全体の評価基準に含めることです。

　目標管理制度は、人事考査を目的としたツールではなく、管理者やOJT担当者、介護支援専門員が協働して個人の能力を高め、組織の目標達成につなげていくことを目的としています。

「A事業所の目標管理シート」と「個人の年間目標管理シート」を**表3-13**、**表3-14**に示します。「A事業所の目標管理シート」（**表3-13**）は、A事業所の組織としての年間目標が掲げてあります。事業所の介護支援専門員全員が共有するべきものです。例えば、A事業所（3名の介護支援専門員が従事）の前年度の担当件数が95件だったとします。事業所として経営的に、105件の担当件数が必要だとすると、翌年年間目標を105件とし、それに呼応して、介護支援専門

表3-13　A事業所の目標管理シート(例)

年間目標設定		職員の評価	管理者の評価
A居宅介護支援事業所の年間目標 ● 事業所として105件の担当件数を達成する。 ● 利用者が最後まで自宅で生活するためのケアマネジメントスキルを習得する。			
目標	計画	達成度	達成度
何を、どの程度、どのようにするか。	方法、手段、期間(1年)		
事業所として担当件数105件を達成し、維持する。	利用者の自立支援、家族支援を念頭に支援し、地域包括支援センター・事業所との連携を密にする。		
● ケアマネジメントスキルが向上するように、職員全員が医療、介護関係の研修会等に参加し、知識を深める。 ● ワークライフバランスについては、適正残業・適時有給休暇を取得する。	● ケアマネジメントプロセスの質の向上。高齢者に多い疾病と支援方法について学ぶ。 ● スーパービジョン基礎研修に参加する。 ● 事例検討会に参加する。 ● 毎日、遅滞なく帳票を整える。		
事業所で決定した事項については、積極的に協力し、運営に関しても提案していく。	毎月の事業所ミーティングで行う事例についての話し合いには積極的に参加、提案していく。		
主任介護支援専門員として地域の介護支援専門員の研修、事例検討会に尽力する。	● 地域で活躍できる事業所となれるように、事例検討会等には積極的に参加する。 ● オレンジカフェの手伝いも行う。		
職員全員の振り返り ● 計画は適切だったか ● 達成できた場合、その理由		職員コメント ● 計画目標、実施で学んだこと ● 今後実務にいかに活かしていくか	
管理者コメント ● 目標、計画に対する努力等の評価 ● 目標達成のためのアドバイス等		エリアマネジャー等の上司評価 ● 法人からみた目標、計画の評価 ● 目標達成のためのアドバイス等	

員は「担当件数35件を維持する」という目標を掲げます。「個人の年間目標管理シート」（**表3-14**）は、介護支援専門員の資質向上のための管理シートですが、「最後まで自宅で生活するためのケアマネジメントスキルを習得する」という事業所の目標管理シート（**表3-13**）に位置づけた事業所の目標と連動しています。

表3-14　個人の年間目標管理シート(例)

氏名：〇〇△△		保有資格：〇〇□□	経験年数：〇〇年
個人の年間目標 ● 保健・医療関係：認知症利用者に対する対人援助技術を向上させる。 　（他に高齢者の疾病、難病、精神障害、認知症、ターミナルケア、ACP等） ● ケアマネジメント：スーパービジョンを受けて、面接過程を振り返り、よりよい利用者支援ができるようになる。 　（自立支援型ケアマネジメントの手法、ソーシャルワークの技術、相談面接技術等） ● 多職種連携：支援の難しい利用者・家族に対する対応方法を学び、事業所内で研修を行う。 　（インフォーマルサービスの活用・発掘・地域ケア会議参画等）			

実施期間	期間	テーマ	目標と研修内容 （何を、どの程度、どのような方法で）
〇〇年 4月開始	〇〇年 4月～6月	保健・医療	認知症高齢者に対する生活支援の方法に関する知識の習得 　（摂食、嚥下、口腔ケア、排泄、薬剤管理等を含む） 〇〇市医師会主催　〇〇年4月～6月（計3回）
	〇〇年 9月～12月	ケアマネジメント	● 地域の介護支援専門員の事例検討会に参加する ● 職場外でスーパービジョンを受ける 〇〇市〇〇地区主催　〇〇年9月 〇〇学会　〇〇年10月～12月（計3回）
	〇〇年 1月～3月	地域ケア会議	地域ケア会議に参画 〇〇地域包括支援センター主催　〇〇年1月

本人の振り返り ● 計画は適切だったか ● 達成できた場合、その理由	本人コメント・自己評価 ● 計画目標、実施で学んだこと ● 今後実務にいかに活かしていくか
管理者コメント ● 目標、計画に対する努力等の評価 ● 目標達成のためのアドバイス等	エリアマネジャー等の上司評価 ● 法人からみた目標、計画の評価 ● 将来のキャリア目標の確認

6 実践能力評価

❶ 介護支援専門員自己評価、他者評価表の活用

　OJT指導者は、担当の介護支援専門員の個別事例に関するケアマネジメントプロセスを把握

し、本人の自己評価を踏まえたうえで、共通の評価表を用いて、OJT指導者の立場から評価を行います。

共通の評価表を用いることで、OJTを進めるにあたり、より正確な指導が可能になり、効果が向上することが期待できます。個別事例における、利用者・家族に対するケアマネジメントについて、担当する介護支援専門員が自身の業務を点検・評価するとともに、同じ内容をOJT担当者が他者評価として点検・評価を行うツールです。

自己評価と他者評価を比較しながら、多面的に評価していくことが客観性と正確性を確保することにつながります。

表3-15　自己評価と他者評価の特徴

	個人の納得感	正確性・客観性
自己評価	高い	低い
他者評価（1人の評価）	中	中
多面的評価（複数の他者）	高い	高い

❷ 自己評価（主観的な評価）の必要性

なぜ自己評価が必要なのでしょうか。

自己評価を繰り返していくことで、自分を見つめ直すことができます。「何ができたのか」「何ができなかったのか」「できなかったことは、どうすればできるようになるのか」を分析できます。

分析の結果を踏まえながら進んでいくことで、次の自己評価では「できるようになった」「成長できた」と感じることができ、新たな目標に向かうことができるようになります。

自己評価は自己分析でもあります。自己評価は単にできたかどうかを確認するためだけに用いられるものではありません。自分の思考や能力について、長所・短所を整理して自分の課題を見出すきっかけや学習目標の設定につなげます。自分の成長を冷静に確認することができます。

- 自己評価の基準は本人

    自己評価は、あくまでも本人の考えに基づきます。OJT担当者が本人に対して評価の仕方等を示すと、正確な評価は得られにくくなります。自己評価の評価基準は本人に任せることが重要です。

- 自己肯定感をもって自己効力感につなげる

    自己評価は欠点を見つけるだけではありません。それまで気づかなかった自身の業務遂

行能力や業務の適正を再認識することにつながります。自己評価によって、自分自身の存在そのものを肯定し、「直面している課題を克服できる」という自己効力感につなげることができます。

● 指導計画の策定における資料として活用する

指導にあたっては、介護支援専門員の特性を理解したうえで、個別性を尊重することが必要です。指導計画を作成する際は、自己評価の結果を踏まえると、指導対象者に、より適切な指導ができると思われます。

表3-16 「自己評価」における留意点

- 「自己評価表」の記載にあたっては、「成果」「課題」「克服するための方法」が明らかになるように意識する。その過程を通じて自分の成長を確認できる。
- 「自己評価表」をチェックしたら、過少評価または過大評価をしていないか確認する。
  介護支援専門員として方向性が見えているかどうか。
  モチベーションの向上につながったかどうか。

表3-17 OJT指導者による評価の留意点

- 他者評価は360度評価が公平
  評価の公平性を保つには、経験豊富な同僚、評価される介護支援専門員と同じ程度の経歴をもつ介護支援専門員、事業所全体を見ている管理者などの複数による評価が望ましいといえます。
- 評価の偏りも確認しながら、他者評価する
  「自分に自信のある人」は自己を過大評価しがちです。
  仕事に失敗はつきものです。「失敗した理由」を探ることを避けて仕事を続ける介護支援専門員は次の段階に進んでいけません。
  一方、「自分に自信のない人」は、自己を過少評価しがちです。自分を前に出すよりも後ろに下がって、自分を守っていく傾向があります。

7 OJT計画の具体的な方法

新人介護支援専門員の育成計画が軌道に乗り、数か月が過ぎるころには、新人介護支援専門員は一連のケアマネジメントのプロセスの流れを一通りつかみ、徐々にその理解は深まっています。

一方で、ケアマネジメントプロセスを十分に理解できたわけではありません。OJT指導者の本格的な指導はこれからといえます。

OJTを具体的に進めるにあたっては、「4段階職業指導法」といわれる指導方法があります。①やってみせる（Show）、②説明する（Tell）、③やらせてみる（Do）、④確認・追加指導する（Check）の4つのステップから構成され、OJTを進める際の基本的な手順として知られています。

OJT指導者は、一連のケアマネジメントプロセスを、新人介護支援専門員に「わかりやすく見せる」ことが大切です。事業所を離れ、いわゆる"現場"に赴く同行訪問は、業務への理解を重層的に深めることができます。

❶ 現場を見せる

OJTの実践にあたっては、新人介護支援専門員に対し、業務の手順や必要な文書などの書き方をまず口頭で説明します。その後、アセスメントやサービス担当者会議など、その現場を見せることで、新人介護支援専門員は事業所で教えられた業務を具体的に理解できます。

OJT指導者は、業務の流れを新人介護支援専門員へ見せます。業務の"実際"を見ることで、新人介護支援専門員は、「なぜ、OJT指導者は利用者にこういう質問をしたのだろう」「なぜこんなことを聞くのだろう」とさまざまな疑問を抱くことでしょう。一方で、OJT指導者は新人介護支援専門員が、どの程度、理解できたか確認しなければなりません。

双方の質問、回答のやりとりを通じて、新人介護支援専門員は、業務の内容を、うわべだけではなく、掘り下げて理解することができるようになります。

新人介護支援専門員は、"現場"で行われる、OJT指導者と利用者・家族、サービス担当者との具体的なやりとりのなかで、振り返りをすることができます。

現場を見せ、新人介護支援専門員が、業務内容についてしっかり納得できるようにします。

❷ スタッフが行う場面を確認

"現場"でOJT指導者の実践を見てもらった後の同行訪問では、新人介護支援専門員が実践します。側で見ていると、OJT指導者は何かと気になり、心配になってくることでしょう。しかしOJT指導者は、新人介護支援専門員の実践を相づちを打ちながら、新人介護支援専門員が自由に、リラックスして利用者と家族に対応できるように見守ります。

❸ 評価・フィードバック

同行訪問の後、OJT指導者は、新人介護支援専門員の実践についてよかった点を評価し、改善したほうがよいと思われるところを指摘するとともに、以降、どのようにして業務の質を向上させていくのか提案も行います。

指導とは、課題や改善点を指摘することだけではありません。人材を大きく成長させる手助けをできるかどうかが大切です。

ケアマネジメントプロセスの流れを追って、新人介護支援専門員に対する指導の方法を見てみましょう。

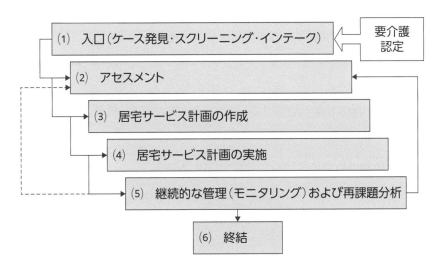

図3-12 ケアマネジメントプロセス

```
(1) 入口（ケース発見・スクリーニング・インテーク） ←── 要介護
                                                        認定

(2) アセスメント

(3) 居宅サービス計画の作成

(4) 居宅サービス計画の実施

(5) 継続的な管理（モニタリング）および再課題分析

(6) 終結
```

出典：3訂/介護支援専門員研修テキスト編集委員会編『3訂/介護支援専門員研修テキスト 専門研修
　　　課程Ⅰ』日本介護支援専門員協会、2021年、p.23

⑧ ケアマネジメントプロセスを通じた実務

❶ 入口（ケース発見・スクリーニング・インテーク）

❶ ケース発見・スクリーニング

　ケアマネジメントプロセスの入口にあたるケース発見では、利用者の家族から事業所に電話
などで相談が寄せられる場合もあれば、地域包括支援センターから新たに依頼される場合もあ
ります。

　利用者家族と電話で話を進めるとき、「この介護支援専門員なら私たちが困っている話をよ
く聞いてくれそうだ」と好印象をもってもらえるようにしましょう。

　電話対応の良し悪しは、事業所全体の印象につながりますので、感じよく話せるように、OJT
指導者は、例えば、ほかの職員に利用者役を演じてもらうなどして新人介護支援専門員と事業
所内で練習するのもよいのではないでしょうか。

　利用者の家族と電話で話しながら、利用者の疾病や家族の困りごと、利用者の介護保険情報
を聞き、内容を記録し、スクリーニング後、訪問日時を約束します。

❷ インテーク

　インテークは、ケアプランの作成依頼を受けたときから始まる支援です。初回訪問時には、

清潔感のある服装と丁寧な言葉づかいを心がけ、訪問した際にはまず、「介護支援専門員証」を提示します。

　同行する新人介護支援専門員には、「参考になる点、疑問点等はメモしておいてください。終わってから振り返りをしましょう」と指示をします。新人介護支援専門員の視点が変わってきます。

　居宅介護支援の基本的な留意点について、運営基準、解釈通知に次のとおり記されています。

指定居宅介護支援等の事業の人員及び運営に関する基準
　（指定居宅介護支援の具体的取扱方針）
第13条
　二　指定居宅介護支援の提供に当たっては、懇切丁寧に行うことを旨とし、利用者又はその家族に対し、サービスの提供方法等について、理解しやすいように説明を行う。

指定居宅介護支援等の事業の人員及び運営に関する基準について
第二　指定居宅介護支援等の事業の人員及び運営に関する基準
　3　運営に関する基準
　(8)　指定居宅介護支援の基本取扱方針及び具体的取扱方針
　　②　指定居宅介護支援の基本的留意点（第2号）
　　　　指定居宅介護支援は、利用者及びその家族の主体的な参加及び自らの課題解決に向けての意欲の醸成と相まって行われることが重要である。このためには、指定居宅介護支援について利用者及びその家族の十分な理解が求められるものであり、介護支援専門員は、指定居宅介護支援を懇切丁寧に行うことを旨とし、サービスの提供方法等について理解しやすいように説明を行うことが肝要である。

　OJT指導者は新人介護支援専門員に実務研修で学習した「ケアマネジメントプロセス」を読み返しておくように指示し、新人介護支援専門員は初回訪問時の流れを十分に理解したうえで新規利用者宅へ同行訪問します。

　初回訪問の際は、新規利用者およびその家族へ丁寧な説明を行います。特に、利用者および家族に必ず理解してもらいたい、「契約の目的」「居宅サービス計画書作成の支援」「経過観察・再評価」「個人情報に対する秘密保持」「賠償責任」「相談、苦情対応」「信義誠実の原則」等については、念入りに説明します。新人介護支援専門員が行う場合、その内容を、確実に把握したう

えで説明ができると、利用者および家族に説得力をもって伝えることができるでしょう。

運営基準第1条の2第1項に記されている、「指定居宅介護支援の事業は、要介護状態となった場合においても、その利用者が可能な限りその居宅において、その有する能力に応じ自立した日常生活を営むことができるように配慮して行われるものでなければならない」という、基本方針については、最初でも最後でもよいので、必ず説明するように新人介護支援専門員に指示をしましょう。

❷ アセスメント

アセスメントとは、ケアプランの作成にあたり、「環境等の評価を通じて利用者が自立した日常生活を営むことができるように支援するうえで解決すべき課題を把握する業務」です。

指定居宅介護支援等の事業の人員及び運営に関する基準
（指定居宅介護支援の具体的取扱方針）

第13条

　六　介護支援専門員は、居宅サービス計画の作成に当たっては、適切な方法により、利用者について、その有する能力、既に提供を受けている指定居宅サービス等のその置かれている環境等の評価を通じて利用者が現に抱える問題点を明らかにし、利用者が自立した日常生活を営むことができるように支援する上で解決すべき課題を把握しなければならない。

OJT指導者が、新人介護支援専門員とともに新規利用者宅を訪問し、ケアマネジメントプロセスに沿って支援を行った一例をあげます。

初回訪問時に、十分とはいえないまでも、疾病などの、利用者にかかわる基本的な情報は把握しているので、OJT指導者は、新人介護支援専門員に、利用者の疾病の特徴等を調べておくように指示します。利用者に関する予備知識があるのとないのとでは、「アセスメント」の内容について理解の程度が変わってきます。

Aさんという、アルツハイマー型認知症のある女性に対するアセスメントの導入部分です。

依頼のあった、同じ公団住宅に住んでいるBさんから寄せられた情報では、「Aさんは買い物へ行っても計算ができなくなっているのか、焦りからなのか、200円程度のバナナを買うのに、小銭があっても千円札でお釣りをもらうことが多くなっている」ということでした。

Aさんの「何が原因で生活にどういう支障がでているのか」「生活のなかで何に困っているのか」を理解して、日常生活の支援をしていかなくてはなりません。

「Aさんはこれからどんなことをしていきたいのか」「Aさんにとっての楽しみは何か」等についても耳を傾けてAさんという人を理解し、家族とも話し合い、Aさんと家族の支援に対する希

望を合わせます。

重度の認知症等でほとんど発言ができない利用者の場合は、家族の意見を優先してしまう傾向がありますが、居宅サービス計画書は利用者本位で考えていきましょう。

高齢になってくると、「次第に忘れっぽくなってきている」ことはある程度わかっている人が多いと思いますが、他人には悟られたくないものです。丁寧な言葉づかいと相手の話に合わせて相づちを打つなど、認知症の人が、「この人は共感してくれている」と感じることができるように対応します。

「毎日、暑い日が続いていますね。私は昨日の夜中に目が覚めてしまいましたが、Aさんはどうでしたか。よく眠れましたか」等の声かけをします。

次に、「Aさんがこの団地でこれからもAさんらしく生活していけるようにお手伝いさせていただきます。今からAさんのことをいろいろ教えてくださいね」と続けると、Aさんに少し笑顔が見られるようになりました。この人は自分のことを気にかけてくれていると思われる声かけをして、少しでも心を開いてもらい会話がしやすくなるようにします。

会話するなかで、何気ない一言が核心をついていることもあります。

「買い物には毎日出かけられますか」と質問すると、「今日も昨日も行きました。今日はBさんと一緒に行って、バナナを買ってきました」「Aさんはバナナが好きなんですね。私もバナナは好きなのでよく買いますよ。私も買って帰ろうと思います」

「高かったのよ。千円くらい」

「高かったですね。いいバナナだったんでしょうね」

「AさんはBさんとは仲がいいですね」

「いいんですよ。でもBさんはうんと若いから」

「同じくらいの年の方のお友だちもおられるでしょう？」

「いるけど、1人じゃなく、たくさんの人と話がしたいのよ」

「そうですね。たくさんの方とお友だちになりたいですね」

Aさんの現在の状況は、計算ができなくなっているという事実があります。また、たくさんの人と話がしたいという日常生活のなかでの希望も垣間見え、同世代が集まってゲームをしたり、書道をしたりするデイサービスに通えば、生活に活気がでてくるのではないだろうかと、Aさんの課題が1つ頭に浮かびました。

その後のAさんとの会話を通じて以下のような5つの課題が見つかりました。

① 薬が飲めていない（残薬が多い）⇒服薬確認の必要がある。

② 食事に偏りがあり、栄養バランスがよいとはいえない（炭水化物を多く摂っている）⇒配食サービスも利用しながら、栄養状態を改善する。

③ 多くの人と話したい⇒日常生活に活気をもつことができる。

④ 身体の清潔を心がけたい⇒入浴できる回数を増やし、すっきりしたい。

⑤　花が好き⇒公団住宅での花壇の世話を続けたい。

　初回訪問日、Aさんのアセスメントが終わって、OJT指導者は新人介護支援専門員と事業所で振り返りを行います。

　「今日の利用者訪問は、初めてだったので、考えることも多かったのではないかと思います。疑問点等、なんでも聞いてください。一緒に考えていきたいと思います」

　「大変勉強になりました」

　「そうですか。どういうところが良かったと思い、どういうところがわかりにくいと思いましたか。なぜ、アセスメントのなかで、この質問をしたのだろう、自分だったら、こんなふうに質問するのに……というところはありませんでしたか」

　「なぜって思ったのは、栄養のところです。今日の朝食と昼食は何を食べられたのか、おおよそのカロリー数を計算され、コップ何杯のお茶を飲んだかを聞かれましたが、『3食食べた、水分は適当に飲んでいます』ではよくないのでしょうか」

　「Aさんは、少々肥満傾向がありますので、食生活を見直すことも大切だと考えたのです。食事内容、好きなものを聞くと、ご飯やパンや麺類、お饅頭といっていたので、できれば、野菜類や肉類等のたんぱく質も食べたほうがいいと判断しました。水分については、質問すると『はい、飲んでいますよ』といわれたのですが、どの程度飲んでいるのか、できる範囲で確認するほうがよいでしょう。『適当に。食事のときに』と答える人も多いのですが、その答え方だと、500ccなのか、1000ccなのか見当がつきません。特に夏は脱水にならないか心配です。ただし、心疾患があって、医師から水分制限をされている人は別です」

　新人介護支援専門員は、OJT指導者の言葉をわかってくれたようでした。新規の利用者のアセスメントをしているOJT指導者を客観的に観察して、疑問を覚えたことを確認したり、「自分だったら、こんなふうに質問してみる」などと考えたりすることは、以降、新規利用者をアセスメントする際、役に立ちます。

❸ 居宅サービス計画の作成

　Aさん宅を訪問して行った、アセスメントを通じて5つの課題がみつかりました。

　初回訪問の後、Aさんが、Aさんらしい日常生活を送ることができるよう、「居宅サービス計画原案」を作成します。

　作成にあたり、OJT指導者は、新人介護支援専門員に対し、次のようにいいました。

　「利用者の名前を隠すと、誰の居宅サービス計画書なのか、わからない居宅サービス計画書がたくさんあります。名前を隠しても「誰の」居宅サービス計画書なのか、わかるような計画書を作成することが必要です」

　居宅サービス計画書は、Aさんの望んでいる暮らしはもちろんのこと、AさんがAさんらしくいられる、「自分のためのプラン」と思われるような計画書が必要です。

> **指定居宅介護支援等の事業の人員及び運営に関する基準**
>
> （指定居宅介護支援の具体的取扱方針）
>
> **第13条**
>
> 　四　介護支援専門員は、居宅サービス計画の作成に当たっては、利用者の日常生活全般を支援する観点から、介護給付等対象サービス（法第24条第2項に規定する介護給付等対象サービスをいう。以下同じ。）以外の保健医療サービス又は福祉サービス、当該地域の住民による自発的な活動によるサービス等の利用も含めて居宅サービス計画上に位置付けるよう努めなければならない。

> **指定居宅介護支援等の事業の人員及び運営に関する基準について**
>
> 第二　指定居宅介護支援等の事業の人員及び運営に関する基準
>
> 　3　運営に関する基準
>
> 　(8)　指定居宅介護支援の基本取扱方針及び具体的取扱方針
>
> 　　④　総合的な居宅サービス計画の作成（第4号）
>
> 　　　　居宅サービス計画は、利用者の日常生活全般を支援する観点に立って作成されることが重要である。このため、居宅サービス計画の作成又は変更に当たっては、利用者の希望や課題分析の結果に基づき、介護給付等対象サービス以外の、例えば、市町村保健師等が居宅を訪問して行う指導等の保健サービス、老人介護支援センターにおける相談援助及び市町村が一般施策として行う配食サービス、寝具乾燥サービスや当該地域の住民による見守り、配食、会食などの自発的な活動によるサービス等、更には、こうしたサービスと併せて提供される精神科訪問看護等の医療サービス、はり師・きゅう師による施術、保健師・看護師・柔道整復師・あん摩マッサージ指圧師による機能訓練なども含めて居宅サービス計画に位置付けることにより総合的な計画となるよう努めなければならない。
>
> 　　　　なお、介護支援専門員は、当該日常生活全般を支援する上で、利用者の希望や課題分析の結果を踏まえ、地域で不足していると認められるサービス等については、介護給付等対象サービスであるかどうかを問わず、当該不足していると思われるサービス等が地域において提供されるよう関係機関等に働きかけていくことが望ましい。

　課題を抽出し、Aさんの居宅サービス計画原案ができました。介護支援専門員が作成した居宅サービス計画に沿ってすぐにサービスが始められるわけではありません。Aさんがサービス

を選び決定できるように、地域のサービスの情報を伝え、Aさんが納得いくように説明したうえで、Aさんがサービスを選び、Aさんが主体となれるように支援していかなくてはなりません。

　Aさんと長男との話し合いでは、Aさんの「いろんな人と友だちになりたい」という言葉を受けて、「軽い運動」を行っている地域の施設、「入浴」が可能なデイサービスも探し、Aさんに提案しました。

　新人介護支援専門員は、地域にどのようなデイサービスがあるか十分に把握しているわけではありません。この機会に、「理学療法士が常駐し、毎日、運動を行っているデイサービス」を見学し、Aさんにもデイサービスの見学をしてもらいました。同世代がビンゴゲームをしているのを見て、通所サービスの利用に気持ちが動いたようです。

第3章　OJT

指定居宅介護支援等の事業の人員及び運営に関する基準

（指定居宅介護支援の具体的取扱方針）

第13条

　五　介護支援専門員は、居宅サービス計画の作成の開始に当たっては、利用者によるサービスの選択に資するよう、当該地域における指定居宅サービス事業者等に関するサービスの内容、利用料等の情報を適正に利用者又はその家族に対して提供するものとする。

指定居宅介護支援等の事業の人員及び運営に関する基準について

第二　指定居宅介護支援等の事業の人員及び運営に関する基準

　3　運営に関する基準

　⑻　指定居宅介護支援の基本取扱方針及び具体的取扱方針

　　⑤　利用者自身によるサービスの選択（第5号）

　　　介護支援専門員は、利用者自身がサービスを選択することを基本に、これを支援するものである。このため、介護支援専門員は、利用者によるサービスの選択に資するよう、利用者から居宅サービス計画案の作成にあたって複数の指定居宅サービス事業者等の紹介の求めがあった場合等には誠実に対応するとともに、居宅サービス計画案を利用者に提示する際には、当該利用者が居住する地域の指定居宅サービス事業者等に関するサービスの内容、利用料等の情報を適正に利用者又はその家族に対して提供するものとする。したがって、特定の指定居宅サービス事業者に不当に偏した情報を提供するようなことや、利用者の選択を求めることなく同一の事業主体のサービスのみによる居宅サービス計画原案を最初から提示するようなことがあってはならない。また、例えば集合

住宅等において、特定の指定居宅サービス事業者のサービスを利用することを、選択の機会を与えることなく入居条件とするようなことはあってはならないが、居宅サービス計画についても、利用者の意思に反して、集合住宅と同一敷地内等の指定居宅サービス事業者のみを居宅サービス計画に位置付けるようなことはあってはならない。

❹ サービス計画の実施

　AさんがAさんらしく、元気に生活していくことのできるサービスが決まったところで、サービス担当者会議の開催です。

　サービス担当者会議に参加を呼びかけるのは、利用者および家族、居宅サービス計画原案に位置づけた居宅サービス等の担当者です。居宅サービス計画原案の内容と併せて、会議の目的、終了時間をあらかじめ伝えておきます。会議に参加できない事業所に対して行った照会についても会議で報告します。

　本人、家族からは希望や意見を、それぞれの事業所からは居宅サービス計画原案に対する意見等を簡潔にわかりやすく発表してもらい、照会等に対する回答を報告します。会議終了までの時間を、30分程度と予定します。参加者全員が意見や希望、サービス内容について発言し、サービス担当者会議がAさんにかかわるすべての人々のものになることが必要です。

　サービス担当者会議で全員の賛成を得ることができれば、Aさんの居宅サービス計画原案は正式に認められたことになり、サービスが開始されます。

❺ 継続的な管理（モニタリング）および再課題分析

　居宅サービス計画書のとおり、通所介護の利用が始まり、数週間後、新人介護支援専門員にモニタリングを実施してもらうことになりました。

指定居宅介護支援等の事業の人員及び運営に関する基準
　（指定居宅介護支援の具体的取扱方針）
第13条
　十三　介護支援専門員は、居宅サービス計画の作成後、居宅サービス計画の実施状況の把握（利用者についての継続的なアセスメントを含む。）を行い、必要に応じて居宅サービス計画の変更、指定居宅サービス事業者等との連絡調整その他の便宜の提供を行うものとする。

指定居宅介護支援等の事業の人員及び運営に関する基準について

第二　指定居宅介護支援等の事業の人員及び運営に関する基準

　3　運営に関する基準

　(8)　指定居宅介護支援の基本取扱方針及び具体的取扱方針

　　⑬　居宅サービス計画の実施状況等の把握及び評価等（第13号・第13号の2）

　　　　指定居宅介護支援においては、利用者の有する解決すべき課題に即した適切なサービスを組み合わせて利用者に提供し続けることが重要である。このために介護支援専門員は、利用者の解決すべき課題の変化に留意することが重要であり、居宅サービス計画の作成後、居宅サービス計画の実施状況の把握（利用者についての継続的なアセスメントを含む。以下「モニタリング」という。）を行い、利用者の解決すべき課題の変化が認められる場合等必要に応じて居宅サービス計画の変更、指定居宅サービス事業者等との連絡調整その他の便宜の提供を行うものとする。

　　　　なお、利用者の解決すべき課題の変化は、利用者に直接サービスを提供する指定居宅サービス事業者等により把握されることも多いことから、介護支援専門員は、当該指定居宅サービス事業者等のサービス担当者と緊密な連携を図り、利用者の解決すべき課題の変化が認められる場合には、円滑に連絡が行われる体制の整備に努めなければならない。

（後略）

　　モニタリングが終わって事業所に帰ってきた新人介護支援専門員にOJT指導者が振り返りを行います。

　　モニタリングでは、Aさんの居宅サービス計画書における「夫と住んだ住宅で最期を迎えたい」という長期目標に対する5つの短期目標に関する質問が中心だったようです。

　　1人で担当した「Aさんのモニタリング」実践で、新人介護支援専門員は新たな発見があったといいます。

　　居宅サービス計画書の「短期目標」の評価をしなくてはならないと、新人介護支援専門員はAさんに短期目標ができたかどうかばかりを質問していたようです。

　　「毎日確実に服薬をする」「栄養バランスの良い食事をとる（夕食は配食とする）」「多くの同世代の人と話をし、生活に張りがでる」「週に2回の入浴でさわやかな気分になれる」「公団住宅の花壇の水やりは休まずに参加する」に対する質問でした。

　　「毎朝の薬は飲んでいますか」「食事は1日に3回食べていますか」「お風呂は気持ちよく入っていますか」「公団住宅の花壇の水やりは参加していますか」という閉じられた質問だったので、「はい」「いいえ」の簡単な答えだったようです。

Aさんからは、手ごたえのある答えが返ってこなかったといいます。心のなかで「Aさんの本音が聞けていない」と新人介護支援専門員は思い、この状況をなんとかしたいと考えたようでした。

　心の中にイライラした気持ちを抱えながらAさんからの答えを受けていて、「これではいけない」と思ったのです。

　Aさんから目をそらしたときに、ベッド脇に、二つ折りの、決して上手とはいえない絵が描かれた「カレンダー」が目に留まりました。

　デイサービスで「カレンダーづくり」をしたものでした。

　そのカレンダーについてふれたところ、そこから一気に会話が実のあるものになったということです。ベッドの周りには夫と2人で写った写真もありました。新人介護支援専門員がAさんに寄り添った結果として、Aさんが大事にしているものを発見することができたのです。

❻ 終結

　利用者と居宅介護支援事業所の契約後、居宅サービス計画に沿って通所介護や福祉用具貸与を利用していくうちに、生活が改善され、元気だった頃の状態に戻ることもありますが、転倒に伴う大腿骨骨折や疾病の悪化によって寝たきり状態になる利用者もいます。

　人生の最終段階において受ける医療やケアについて、利用者や家族が、医療・ケアチームと繰り返し話し合うACP（アドバンス・ケア・プランニング＝人生会議）が必要になってきます。一度決めたことが変更されることもあるでしょう。終末期を迎えた利用者が家族や医療・ケアチームと意見交換しながら価値観を共有し、互いに理解を深めることが大切です。

　人材育成には「リフレクション」が大切だといわれます。「リフレクション」は、「振り返り」「反省」「内省」と訳されます。20世紀前半、アメリカ合衆国の教育哲学者で、プラグマティズム（実用主義・実際主義）のジョン・デューイによってその理論の基盤がつくられました。

　「人は学習する過程でただ経験するだけではなく、その経験全体を振り返り、自己の行動、思考を言語化し、その時の判断について再度考え（reflect）、その意味づけをすることで、自己の学びとなる」

　つまり、経験をさせるだけでは、OJT指導にはなりません。

　新人介護支援専門員は、経験したことを振り返り、どういうことに気づいたのか考察、言語化することで学びとなるのです。

　経験したことを振り返り深めていくことで、その経験の意味が理解できます。新人介護支援専門員は、モニタリングでAさんのベッドの周りにあるさまざまなものから、Aさんのそれまでの生活を知り、Aさんに近づくことができたのです。

　新人介護支援専門員は、自分で自分の問題点に気づき、短時間のうちに考え方が変化し、行

動にも変化が生まれたのです。

　利用者のことをよく知り、利用者の立場に立つ介護支援専門員になることがケアマネジメントプロセスを通じて獲得した考え方でした。

　OJT指導者に同行したアセスメントから、1人で行ったモニタリングまでの流れで、新人介護支援専門員は、自分の介護支援専門員観としての階段を一段上ったといえるでしょう。

◎基本情報に関する項目

令和5年3月1日

受付年月日	令和5年2月28日
受付担当者	S居宅介護支援事業所　介護支援専門員T
受付経路	同じ集合住宅でAさんと親しくしている女性住人Bさんから
氏名・性別・年齢 住所・電話	Aさん　女性　85歳　〇〇区〇〇町　〇〇〇-〇〇〇〇-〇〇〇〇
家族状況	長男と二人暮らし　夫は7年前に他界 長男は最近、C会社の警備員の仕事を辞めたばかりで、現在休職中
生活状況	九州宮崎県で生まれる。盧溝橋事件1年後の日中戦争が泥沼化していた頃。 実家は農業を営んでいた。Aさんは中学校を卒業し、近郊の町の旅館で雑用係として働いた。同じ旅館の板前見習いをしていた男性と仲良くなり、男性が旅館を辞めるときに結婚。夫が東京で板前の仕事をするというので東京で生活を始めた。東京タワーが竣工した年だった。夫はギャンブルに夢中になった時期もあったが、定食屋を営むようになり、近所の大学の学生たちには大盛りのご飯が人気で繁盛した。夫が脳梗塞を発症した10年前に定食屋をたたんだ。夫はその3年後に他界。離婚して一人暮らしだった息子と暮らすようになった。
保険・他法情報	介護保険　要介護1、老齢基礎年金
現在利用している サービスの状況	なし
障害高齢者の日常 生活自立度	J1
認知症である高齢 者の日常生活自立 度	Ⅱa
主訴	【本人】夫と暮らした場所（公団住宅）で最期を迎えたい。息子にはよく面倒をみてもらっている。夫に似て料理が得意で、朝食と昼食はつくってくれる。早く仕事を見つけて元気に仕事をしてほしい。 【長男】いつまで母親の世話ができるかわからないが、できるだけのことはしたい。ただ、自分の生活も大切にしていきたい。
認定情報	要介護1（令和5年2月1日～令和5年7月31日）
課題分析（アセスメント）理由	新規利用のためのアセスメント
本人の望む暮らし	今、生活している公団でずっと生活したいが、息子に迷惑をかけたくはない。息子からは台所でガスを使うことは禁止されているので、料理もつくれない。いい施設があれば入ってもいいと思っているけど、ここが好きなんです。夫と長い間暮らしたんですから。

●アセスメントに関する項目

作成日　令和5年3月1日

課題分析標準項目	現在の状況 （できること・できないこと）	本人・家族の 思い・意向	考える視点 （原因・可能性・リスク）	ケアの方向性（複数の提案）
健康状態	平成19年に高血圧（170/100）と診断される。風邪をひいたときに受診した近所の○○クリニックでわかり、内服薬を処方。現在の血圧は安定している。C医師は「このくらいなら大丈夫でしょう」と言っている。BP 130～150/85～90 平成24年には、○○クリニックの先生から認知症専門医を受診するように言われた。受診後、軽度認知症と診断され、内服薬を処方された。病院受診は長男同行。 公団住宅の同じ階に住んでいる、親しくしているBさんと買い物へ行くことが多いが、支払わなければならない金額に端数があると、小銭を出すことが面倒になり（本人の言葉）、どんどん小銭が溜まってきた。	本人：買い物では、支払いに時間がかかることが多くなった。先生から毎年、季節を聞かれたり、簡単な計算をさせられたりしますが、私はまだ大丈夫だと思います。 長男：毎年認知症の検査で次第に点数が落ちています。鍋をこがす回数が増えたため、火を使う食事づくりはさせられなくなりました。これからどうなるか不安です。	【健康状態】 ① 高血圧の薬の飲み忘れが週に3回程度あり、自己管理ができなくなっている。認知症の薬の飲み忘れも高血圧の薬同様にあり、自己管理ができていないと思われる。 【心身機能・身体構造】 【活動】【参加】 ① 夫が他界してから、自宅にいることが多くなった。夫の生前には、経営する食堂で料理を運んだり、客の男子学生と冗談を言い合っていた。現在は、運動もほとんどしていないし、他人と話をする機会も減っている。今後、うつ的な状態になっていくのではないだろうか。	【健康状態】 ① 長男が在宅のときは、服薬の声かけをお願いする。毎日が難しいようなら、週に何度かは訪問介護事業所に服薬確認の依頼を提案する。 【心身機能・身体構造】 【活動】【参加】 ① 集合住宅の花壇の手入れを親しくしているBさんと行っており、よく話もするが、同じ年代の方たちと話をし、ゲームをしたり、歌を歌ったりできるような「デイサービス」を提案する。今より外出の機会を増やして、運動をし、できるだけ多くの人と話ができるように提案する。
ADL	寝返りや起き上がり：寝返りはベッドの端につかまって行う。起き上がりは、家具等につかまって体を支えて起き上がる。 座位：自力で保つことが可能であるが、いすに寄りかかっている。 移動動作：長距離移動には車いすを使う。10分程度は1人で歩行可能。それ以上になると、休憩をはさむ。 食事：箸で食べる。嚥下は普通。上下ともに義歯。主食は柔らかいご飯（数週間前、義歯を紛失したため）。副食は一口大。 食事は3食。食事内容は、間食を合わせると1800～2000キロカロリー摂取。ご飯、麺類、揚げ物が好き。間食はかりんとうやお饅頭。医師からは、甘い物を減らすように言われている（BMI 約30、肥満度2度）。 口腔：口腔清潔のために食事後、口をゆすいでいる。朝は歯ブラシを使う。 入浴：入浴時に入るとき、あがるときに声かけをする（長男）。 更衣：見守り、声かけをする。服の選択がチグハグなときもあるため。 排泄：失禁は時々あり。日中も夜間もトイレ。リハビリパンツを使用。尿意・便意はある。排便は2日に1回。 視力：大きい字は見える。眼鏡を使用。 聴力：大きい声は可。 会話：可能。うなずきや話を合わせることはできる。 睡眠：夜10時就寝、朝6時起床。夜中、トイレに2～3回は行く。	本人：夫が亡くなってから、しばらくすることがなくて、家にいることが多くなりました。外出するのは買い物くらいだから、足腰が弱ってしまいました。 長男：今のまま、あまり外へも出ないと、歩くことも大変になってくるのではないかと心配しています。少々肥満気味。病院の先生からも食事に気をつけてくださいと言われています。	② 自宅にいることが多くなり、身体機能の衰えもある。運動をする等、身体を動かさないと、ますます衰えていくばかりではないだろうか。 ③ 毎日3食食べている。麺類、ご飯等、炭水化物が好き。甘い物の間食も多い。やや肥満でもある。偏食を減らして、バランスよく食事を摂る必要があるのではないだろうか。 ④ 入浴時に誰かの声かけがないと、入浴好きの本人は、長時間入浴するので、長男が声かけをしている。長男が自宅にいるときにしか入浴できない状態。清潔保持のためには週2～3回は入浴する必要があるのではないだろうか。	② ラジオ体操等、毎日、続けられるような運動ができる機会を得て、身体機能を鍛えられる時間をもつように提案する。 ③ 偏りのある食事が多いので、栄養バランスのよい食事を摂る必要がある。毎日1食は配食サービスを利用するように提案する。 現在、上下の義歯がない状態。十分に咀嚼できないので、紛失した義歯を探すか新しい義歯をつくる必要があるのではないかと提案する。 ④ 入浴が可能な通所介護事業所を探し、本人、家族に提案する。

IADL	調理：以前、いくつもの鍋をこがした経験があり、長男から火を使うことを禁じられている。 掃除・洗濯：自分の部屋のごみを拾う。掃除は長男が週に1回程度。洗濯は週に2回程度。洗濯物干しや洗濯物たたみは行うことができる。 買い物：近所の商店街へ買い物に行く。 金銭管理：商店街で買い物をする程度の金銭は持たせてもらっている。	本人：買い物へ行くときは、2000〜3000円持っていきます。計算は苦手だけど、なんとかできています。 長男：買い物の金銭管理ができないようですが、いまのところ、買うのは果物が多いので、なんとかなっているようです。	⑤　同世代間での交流がない。地域の通所介護でアクティビティをするなかでさまざまな人と話をする必要があるのではないか。 ⑥　現在、買い物の支払いの際、計算ができない状態。正しく計算ができることを望むのが難しいとすれば、今後、状態がさらに悪くなったときには、買い物にはヘルパーさんに同行してもらうなどの対策を考えていく必要があるのではないか。	⑤　通所介護に定期的に通うことで生活のリズムが整うよう、通所介護に通うことを提案する。 ⑥　今後、買い物の支払いに支障が出てきたときには、ヘルパーさんの同行等を提案する。
認知及び行動	認知症の有無：ガスのつけっぱなしで、いくつもの鍋をこがしたことから、現在、ガスは使わせてもらえない。辻褄が合わないことを言うことも多い。買い物では、計算ができなくなってきている。 BPSD（周辺症状）：周辺症状はない。	本人：1年に1回テスト（認知症診断の検査。HDR等）をしているけど、もの忘れは年をとればあります。 長男：年々、認知症のテストの点数は下がっています。	【背景因子（環境因子・個人因子）】 ①　Aさんが自宅にいることが多く、ぼーっとしていることが多くなった背景には、「夫の死」が大きな要因ではないだろうか。 ②　Aさんはまだ「夫の死」という現実を受け入れられていない。	【背景因子（環境因子・個人因子）】 ・半世紀以上共に生きてきた夫だから、当然ともいえるのではないか。 ・Aさんが身体的に元気になり、Aさんの趣味をもち、同世代の友人ができれば、さまざまな話をするなかで「夫の死」を徐々に受け入れていけるのではないだろうか。地域に出ていくことを提案する。
コミュニケーション能力	人と話を合わせようとして相づちを打つが、辻褄が合わなくなり、話をつくったりすることがある。	本人：人と話をするのは好きです。 長男：人当たりはよいですが、コミュニケーションがうまくいっていないかもしれません。		
社会との関わり	同じ公団住宅の同じ階に気にかけてくれる年下の女性Bさんがいる。公団住宅にある花壇の水やりの担当になったときは一緒に行動している。今の友人はその人だけ。	本人：同じ階にBさんという友人がいる。よく世話をやいてくれる。 長男：同じくらいの年齢の方との交流がないので、公団住宅内だけでなく、ほかの方たちとも友人になってほしい。		
行動障害	特に顕著な行動はみられない。			
介護力	同居の長男は会社の警備員の仕事を辞めたばかりで、現在休職中。昼食をつくってテーブルの上に置いて出かける。服薬のセットもしてくれているが、声かけがないと、薬の飲み忘れが多い。失禁も時々あるため、パッドは買って袋ごと渡してくれる（現在、おむつ代助成制度申請中）。	本人：息子がよくしてくれている。このアパートには親切にしてくれる友人もいる。 長男：今は仕事を辞めて家にいるので1日1回は食事をつくるけど、働き始めたらつくれなくなるかもしれません。		
	道路に面した築50年の公団住宅の5階に住んでいる。間取りは2DK。駅までは15分程度かかる。近所には商	本人：もう40年住んでいる。この公団でいろんなことが		

居住環境	店街があり、生活に必要なものは全部揃う。買い物はその商店街でしている。かかりつけの医院も商店街の中にある。	あった。楽しかったことも悲しかったことも。ここが一番好き。 長男：古いアパートだから、もっと広いところに引っ越したい。	
特別な状況	なし。		

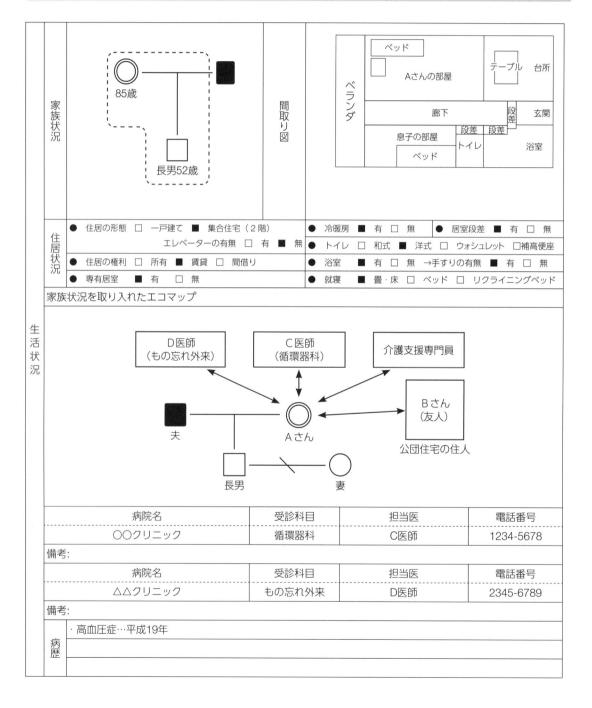

家族状況	85歳 —— ■ 　　　　｜ 　　　長男52歳	間取り図	ベランダ / ベッド / Aさんの部屋 / テーブル / 台所 / 廊下 / 段差 / 玄関 / 息子の部屋 / ベッド / 段差 段差 / トイレ / 浴室

住居状況				
● 住居の形態　□ 一戸建て　■ 集合住宅（2階）		● 冷暖房　■ 有　□ 無	● 居室段差　■ 有　□ 無	
エレベーターの有無　□ 有　■ 無		● トイレ　□ 和式　■ 洋式　□ ウォシュレット　□補高便座		
● 住居の権利　□ 所有　■ 賃貸　□ 間借り		● 浴室　■ 有　□ 無　→手すりの有無　■ 有　□ 無		
● 専有居室　■ 有　□ 無		● 就寝　■ 畳・床　□ ベッド　□ リクライニングベッド		

生活状況

家族状況を取り入れたエコマップ

D医師（もの忘れ外来）　　C医師（循環器科）　　介護支援専門員

夫 —— Aさん —— Bさん（友人）

公団住宅の住人

長男　　妻

病院名	受診科目	担当医	電話番号
○○クリニック	循環器科	C医師	1234-5678

備考：

病院名	受診科目	担当医	電話番号
△△クリニック	もの忘れ外来	D医師	2345-6789

備考：

病歴	・高血圧症…平成19年

Point

　OJTを受ける立場にある介護支援専門員の心構えや準備、同行訪問における、ケアマネジメントプロセスごとの目的、達成目標について、『介護支援専門員のための実務スタートブック』(中央法規出版、2023年)に詳しく紹介しています。

　事業所におけるOJTにあたり、本書と併せて活用することで、いっそう効果的に実施できるようになります。

参考文献
- 3訂／介護支援専門員研修テキスト編集委員会編『3訂／介護支援専門員研修テキスト 専門研修課程』日本介護支援専門員協会

第4章

労務管理と勤怠管理

　労務管理とは、従業員の「労働条件」や「労働環境」「福利厚生」などを管理し、働きやすい環境を整えるために行う業務です。具体的には、求人や採用に始まり、給与計算や勤怠管理、雇用保険や労働者災害補償保険（労災保険）をはじめとする社会保険の手続き、就業規則の整備や業務の改善に至るまで、会社が従業員の雇用に対して行うすべての管理がそれにあたります。

　居宅介護支援事業所においては、慢性的な人材不足により人材確保が困難であるとともに、多様な雇用形態や勤務時間への対応が求められるため、他業種に比べて労務管理が難しいといわれています。

　労務管理にあたっては、業務の効率化も大切ですが、それ以上に「働きがいのある職場」や「働きやすい職場」をつくることが重要になります。職員の「確保・定着」が労務管理に求められる重要な役割となります。管理者は労務管理について十分理解しておくことが必要です。

管理者に求められる労務管理の役割

1 労働条件の明示

❶ 介護支援専門員を雇い入れたときは、労働条件を書面で明示します

　介護支援専門員を雇い入れたときには、賃金、労働時間等の労働条件を十分に理解してもらうように、書面（労働条件通知書）の交付により、労働条件を明示しなければなりません（労働基準法第15条、短時間労働者及び有期雇用労働者の雇用管理の改善等に関する法律（パートタイム・有期雇用労働法）第6条）。書面による明示は、労働条件をめぐる誤解や行き違いなどによるトラブル防止に有効です。

表4-1　書面で明示すべき労働条件

- 労働契約の期間
- 就業の場所、従事する業務の内容
- 労働時間に関する事項（始業・終業時刻、時間外労働の有無、休憩、休日、休暇等）
- 賃金の決定・計算・支払の方法、賃金の締切り・支払の時期に関する事項
- 退職に関する事項（解雇の事由を含む）

注：短時間勤務の介護支援専門員については、「昇給の有無」「退職手当の有無」「賞与の有無」についても、書面による明示が必要となります。また、短時間勤務の介護支援専門員からの相談に対応するための体制整備が義務づけられていることから、「雇用管理の改善等に関する事項にかかる相談窓口」の明示も必要です。

　そのほか、短時間勤務の介護支援専門員を雇い入れたときに、実施する雇用管理の改善措置の内容を事業主が説明しなければなりません。

❷ 有期契約の介護支援専門員に対しては、契約の更新に関する事項も明示します

　介護支援専門員と「有期労働契約」（あらかじめ雇用期間を一定期間（例えば3か月や1年）に限定した労働契約をいいます）を締結する場合には、「書面で明示すべき労働条件」の「労働契約の期間」のほかに、

　・労働契約を更新する可能性の有無（**表4-2**）
　・労働契約を更新する・しないを判断する場合の基準（**表4-3**）
を明示しなければなりません（労働基準法第14条、有期労働契約の締結、更新及び雇止めに関する基準第1条）。

表4-2　明示すべき「更新の有無」の具体的な内容（例）

- 自動的に更新する
- 更新する場合があり得る
- 契約の更新はしない

表4-3　明示する「判断の基準」の具体的な内容（例）

- 契約期間満了時の業務の繁忙により判断する
- 労働者の勤務成績、態度、能力により判断する
- 経営状況により判断する

なお、有期労働契約の更新をしないことが明らかな場合は、更新の基準を明示する義務はありません。

❷ 就業規則

就業規則は、雇用主と従業員の間の雇用に関するルールを定めたものです。事業所ごとに作成します。就業規則は最も重要なルールですから、雇用主および従業員とも十分に認識・理解し、ルールに従って行動することが必要です。

❶ 就業規則を作成し定期的に見直し、届け出ます

常時、介護支援専門員を含めた従業員を10人以上雇用している事業所においては、就業規則を作成し、事業所の労働者の過半数で組織する労働組合がある場合はその労働組合、労働者の過半数で組織する労働組合がない場合は労働者の過半数を代表する者（以下、労働者代表）の意見を聴き、その意見を記した書面（意見書）を添付して、就業規則を所轄の労働基準監督署に届け出なければなりません（労働基準法第89条、第90条）。従業員には、正規雇用だけでなく、有期契約や短時間勤務の介護支援専門員等の非正規雇用の従業員、事務員も含まれることに留意してください。また、就業規則を変更したときも意見書を添付して、変更した就業規則

表4-4　就業規則の記載事項

必ず記載しなければならない事項（絶対的必要記載事項）	● 労働時間に関する事項（始業・終業時刻、休憩、休日、休暇等） ● 賃金の決定・計算・支払方法、賃金の締切り・支払の時期、昇給に関する事項 ● 退職に関する事項（解雇の事由を含む）
定めた場合に記載しなければならない事項（相対的必要記載事項）	● 退職手当、臨時の賃金等に関する事項 ● 労働者に負担させる食費・作業用品に関する事項 ● 安全衛生、職業訓練、災害補償、表彰・制裁等に関する事項

図4-1　労働条件通知書（ひな形）

（一般労働者用；常用、有期雇用型）

労働条件通知書

年　　　月　　　日

_____殿

事業場名称・所在地
使用者職氏名

契約期間	期間の定めなし、期間の定めあり（　　年　　月　　日～　　年　　月　　　日） ※以下は、「契約期間」について「期間の定めあり」とした場合に記入 1　契約の更新の有無 　［自動的に更新する・更新する場合があり得る・契約の更新はしない・その他（　　　　）］ 2　契約の更新は次により判断する。 　　・契約期間満了時の業務量　　　・勤務成績、態度　　　・能力 　　・会社の経営状況　・従事している業務の進捗状況 　　・その他（　　　　　　　　　　　　　　　　　　　　　　　　） 【有期雇用特別措置法による特例の対象者の場合】 　無期転換申込権が発生しない期間：　Ⅰ（高度専門）・Ⅱ（定年後の高齢者） 　Ⅰ　特定有期業務の開始から完了までの期間（　　年　　か月（上限10年）） 　Ⅱ　定年後引き続いて雇用されている期間
就業の場所	
従事すべき業務の内容	【有期雇用特別措置法による特例の対象者（高度専門）の場合】 ・特定有期業務（　　　　　　　　　　開始日：　　　　完了日：　　　　）
始業、終業の時刻、休憩時間、就業時転換（(1)～(5)のうち該当するもの一つに○を付けること。）、所定時間外労働の有無に関する事項	1　始業・終業の時刻等 (1)　始業（　　時　　分）　終業（　　時　　分） 【以下のような制度が労働者に適用される場合】 (2)　変形労働時間制等；（　　）単位の変形労働時間制・交替制として、次の勤務時間の組み合わせによる。 　　始業（　時　分）終業（　時　分）　（適用日　　　　） 　　始業（　時　分）終業（　時　分）　（適用日　　　　） 　　始業（　時　分）終業（　時　分）　（適用日　　　　） (3)　ﾌﾚｯｸｽﾀｲﾑ制；始業及び終業の時刻は労働者の決定に委ねる。 　　　　（ただし、ﾌﾚｷｼﾌﾞﾙﾀｲﾑ（始業）　時　分から　時　分、 　　　　　　　　　　　　　　（終業）　時　分から　時　分、 　　　　　　　　　　　ｺｱﾀｲﾑ　　　　時　分から　時　分） (4)　事業場外みなし労働時間制；始業（　時　分）終業（　時　分） (5)　裁量労働制；始業（　時　分）終業（　時　分）を基本とし、労働者の決定に委ねる。 ○詳細は、就業規則第　条～第　条、第　条～第　条、第　条～第　条 2　休憩時間（　　）分 3　所定時間外労働の有無（　有　，　無　）
休　　日	・定例日；毎週　　曜日、国民の祝日、その他（　　　　　　　　） ・非定例日；週・月当たり　　日、その他（　　　　　　　　） ・1年単位の変形労働時間制の場合－年間　　日 ○詳細は、就業規則第　条～第　条、第　条～第　条
休　　暇	1　年次有給休暇　6か月継続勤務した場合→　　　　　日 　　　　　継続勤務6か月以内の年次有給休暇　（有・無） 　　　　　　→　　か月経過で　　日 　　　　　時間単位年休（有・無） 2　代替休暇（有・無） 3　その他の休暇　有給（　　　　　　　　　） 　　　　　　　　無給（　　　　　　　　　） ○詳細は、就業規則第　条～第　条、第　条～第　条

（次頁に続く）

賃　　金	1　基本賃金　イ　月給（　　　　　　円）、ロ　日給（　　　　　円） 　　　　　　　ハ　時間給（　　　円）、 　　　　　　　ニ　出来高給（基本単価　　　円、保障給　　　円） 　　　　　　　ホ　その他（　　　　　円） 　　　　　　　ヘ　就業規則に規定されている賃金等級等 　　　　　　　┌─────────────────────────┐ 　　　　　　　│　　　　　　　　　　　　　　　　　　　　　　　│ 　　　　　　　└─────────────────────────┘ 2　諸手当の額又は計算方法 　イ（　　　手当　　　　円　／計算方法：　　　　　　　　　） 　ロ（　　　手当　　　　円　／計算方法：　　　　　　　　　） 　ハ（　　　手当　　　　円　／計算方法：　　　　　　　　　） 　ニ（　　　手当　　　　円　／計算方法：　　　　　　　　　） 3　所定時間外、休日又は深夜労働に対して支払われる割増賃金率 　イ　所定時間外、法定超　月６０時間以内（　　　　）％ 　　　　　　　　　　　　　月６０時間超　（　　　　）％ 　　　　　　　　　　所定超　（　　　）％ 　ロ　休日　法定休日（　　　）％、法定外休日（　　　）％ 　ハ　深夜（　　　）％ 4　賃金締切日（　　　）－毎月　日、（　　　）－毎月　日 5　賃金支払日（　　　）－毎月　日、（　　　）－毎月　日 6　賃金の支払方法（　　　　　　　　　　） ┌─────────────────────────────────┐ │7　労使協定に基づく賃金支払時の控除（無　，　有（　　　））│ │8　昇給（　有（時期、金額等　　　　　　　　），　　無　）│ │9　賞与（　有（時期、金額等　　　　　　　　），　　無　）│ │10　退職金（　有（時期、金額等　　　　　　　　），　　無　）│ └─────────────────────────────────┘
退職に関する事項	1　定年制　（　有（　　歳），　無　） 2　継続雇用制度（　有（　　歳まで），　　無　） 3　自己都合退職の手続（退職する　　日以上前に届け出ること） 4　解雇の事由及び手続 ┌───────────────────────────────────┐ │　　　　　　　　　　　　　　　　　　　　　　　　　　　　　│ └───────────────────────────────────┘ 〇詳細は、就業規則第　条～第　条、第　条～第　条
そ　の　他	・社会保険の加入状況（　厚生年金　健康保険　厚生年金基金　その他（　　　）） ・雇用保険の適用（　有　，　無　） ・雇用管理の改善等に関する事項に係る相談窓口 　部署名　　　　　　　担当者職氏名　　　　　　　（連絡先　　　　　） ・その他　┌───────────────────────────┐ 　　　　　│　　　　　　　　　　　　　　　　　　　　　　│ 　　　　　└───────────────────────────┘ ┌───────────────────────────────────────┐ │※以下は、「契約期間」について「期間の定めあり」とした場合についての説明です。│ │　労働契約法第18条の規定により、有期労働契約（平成25年4月1日以降に開始するも│ │の）の契約期間が通算5年を超える場合には、労働契約の期間の末日までに労働者か│ │ら申込みをすることにより、当該労働契約の期間の末日の翌日から期間の定めのない│ │労働契約に転換されます。ただし、有期雇用特別措置法による特例の対象となる場合│ │は、この「5年」という期間は、本通知書の「契約期間」欄に明示したとおりとなり│ │ます。│ └───────────────────────────────────────┘

※　以上のほかは、当社就業規則による。
※　労働条件通知書については、労使間の紛争の未然防止のため、保存しておくことをお勧めします。

を所轄の労働基準監督署に届け出なければなりません。

就業規則に定められる内容は、必ず記載しなければならない事項（絶対的必要記載事項）と、事業場で定めをする場合に記載しなければならない事項（相対的必要記載事項）とに分かれます（表4-4）。

❷ 就業規則の周知を図ります

作成した就業規則は、すべての労働者に対して周知しなければなりません（労働基準法第106条）。

表4-5　就業規則の周知方法

- 常に事業所の見やすい場所に掲示しておく、または備え付けておく
- 就業規則を労働者に交付する
- 電子的データとして記録し、かつ、各作業場に労働者がその内容を常時確認できるパソコンなどの機器を設置する

厚生労働省がモデル就業規則を紹介しています。それらを参考に事業所の実情に応じた就業規則を作成してください[1]。

また、就業規則を上手に有効活用するための留意点は以下のとおりです。

表4-6　就業規則作成の留意点

オーダーメイド	誰のためのルールか、誰を拘束するのかという基本を理解する。ある特定の企業のルールとして、オーダーメイド的であるべきで、画一的な書式は値打ちがない。会社の理念、社風、歴史（沿革）を考え、会社の具体的な要望を盛り込む。専門家（社会保険労務士）が関与する場合でも、作成時に会社側の要望（記入希望）事項書のようなものを作ってもらい、それを参考にすべきである。
公正さ	内容については、中立的公正な内容か、どこまで会社に有利なものにするのか、コンプライアンスやCSRなど法適合性、理念・理想との関係をどうするかをよく考える。企業にとって義務的なことは一旦記載すると拘束される（労働協約と同じ）ので、できるだけ書かないという考え方もある。
レベル	①会社のレベルに合わせる必要がある。できるだけ理解しやすいように箇条書きや図表を利用する。理解可能かどうかは労使双方にとってどうなのかを考える。 ②守れないことはルールにしない。大企業のものをまねする例の中には、できないことや実際に発生したら困るようなことをよく考えないで規定しているものもある（よく問題とされる例として、中小企業で休職期間を大企業並みに長期に設定しているのを実情に合わせて短期に改訂するということがある）。
明確性	あいまいな内容で異なった読み方・解釈ができるようではルールとして意味がないので、トラブル防止の観点から誰が読んでも同じ理解に達する書き方（文言）にする。

1）　厚生労働省「モデル就業規則について」　https://www.mhlw.go.jp/stf/seisakunitsuite/bunya/koyou_roudou/roudoukijun/zigyonushi/model/index.html

管理職関係	管理職の関係の条文がないものがよく目につく。ピラミッド型の組織体としての会社のルールであるから、組織運用の実効性を考えて規定をおくべきである。
改訂	法令の制定・改正や企業の成長、組織変更、経済情勢の変化などの理由で改訂が必要となるので、絶えず見直しをする。

出典：岡崎隆彦・西川伸男『就業規則取扱説明書──選ばれる企業のためのワークルール活用法』経営書院、2020年、p.43

❸ 労働時間、休憩・休日

　管理者には、労働日・労働時間を管理する役割があります。労働契約上の労働時間が雇用主と従業員の間の合意によって判断されることと異なり、労働基準法上の労働時間は、労働基準法の立場から客観的に判断されると考えられます。労働時間を適切に把握しなければなりません。

❶ 法定労働時間を守ります

　使用者は労働者に休憩時間を除いて、1日8時間、1週間に40時間を超えて労働させてはなりません（労働基準法第32条）。ただし、一定の要件（36協定）を備えれば、この上限を超えて労働させることができます。

❷ 労働時間認定

　厚生労働省が策定した「労働時間の適正な把握のために使用者が講ずべき措置に関するガイドライン」では、使用者に対して始業・終業時刻の確認および記録を求めています。その方法については、①使用者が自ら現認することにより確認・記録するか、②タイムカードやICカード、パソコンの使用時間の記録等の客観的な記録を基礎として確認・記録することを原則としています。

❸ 実態把握の方法

　労働契約に基づく労働時間と実際の労働時間の間にはかなりの乖離があるのが通常ですから、常に実態把握の努力が必要です。

　毎日、または一定期間ごとに客観的資料や日報等により介護支援専門員の当日の残業時間を確認して、それを書面化しておくとトラブルが防止できます。ポイントは、①日々の記録・確認と、②介護支援専門員側が確認・了承したという点についての証拠日です。

❹ 休憩

　労働時間が6時間を超える場合には少なくとも45分、8時間を超える場合には少なくとも

１時間の休憩を、労働時間の途中に与える必要があります（労働基準法第34条）。６時間以下の場合には休憩を与える必要はありません。休憩時間は、介護支援専門員の自由に利用させなければなりません。

❺ 休日

事業者は、介護支援専門員に対して毎週少なくとも１回の休日を与えなければなりません（労働基準法第35条）。４週間を通じ４日の休日を与えることも認められますが、このような場合には就業規則であらかじめ４週の起算日を明記する必要があります。

Column 「振替休日」と「代休」の違いはなに?

「休日の振り替え」とは、あらかじめ休日と定められていた日を労働日とし、そのかわりにほかの労働日を休日とすることをいいます。これにより、あらかじめ休日と定められた日が「労働日」となり、そのかわりとして振り替えられた日が「休日」となります。したがって、もともとの休日に労働させた日については「休日労働」とはならず、休日労働に対する割増賃金の支払義務も発生しません。

一方、いわゆる「代休」とは、休日労働が行われた場合に、その代償として以後の特定の労働日を休みとするものであって、前もって休日を振り替えたことにはなりません。したがって、休日労働分の割増賃金を支払う必要があります。

出典：厚生労働省「振替休日と代休の違いは何か。」

---

❻ 時間外労働や休日労働を行わせる場合は、労使協定を結び、労働基準監督署に届け出ます

時間外労働や休日労働はなるべく行わせないようにすることが望まれますが、やむなく行わせる場合は、使用者と労働者との間で時間外労働・休日労働に関する協定（これを一般に「36（サブロク）協定」といいます）を結び、事業所を管轄する労働基準監督署に届け出なければなりません（労働基準法第36条）。また、時間外労働・休日労働は、締結した36協定の範囲内で行わなければなりません。

❼ 労働時間の管理者の役割

管理者の役割は、従業員の労務提供の事実の確認、評価、是正指導等の業務全般の指導・管理です。時間管理ができていない、残業問題が発生したというのは管理者が管理できていないことを意味します。

現実に残業問題が発生した場合、就業規則や人事制度の見直しという形式的な対策にとどまりがちです。実際に運用する管理者の動きについても徹底的に見直さなければなりません。管理者の資質と育成力に問題がある事業所については、社会保険労務士による支援（助言・指導）が望まれます。

❽ 残業削減の方法

長時間労働の問題点や長時間労働をなくすメリットを考えて、大胆な削減に取り組むべきです。労働と私生活の調和を図ることの重要性が認識され、「ワークライフバランス」を推進する政策が実施されています。2018（平成30）年の労働基準法等の改正にあたっては、労働者が、その健康を確保しつつ、創造的な能力を発揮しながら効率的に働くことができる環境を整備するため、時間外労働の上限規制の導入などが行われました。

残業発生のメカニズムを研究し、その真の原因を究明していく必要があります。原因がわかればそれを一つひとつつぶしていきます。「削減・撲滅の方法は必ずある。できないのは管理者に問題がある」と考えて真剣に取り組みましょう。

表4-7 残業発生のメカニズムの類型

付き合い型	管理者、同僚が残っていると帰りづらいので会社に残る
独りよがり型	的外れの仕事をして後で修正を迫られ残業に至る
抱え込み型	自分のポジションを守るために同僚に仕事を任せない
生活型	生活費やローン返済に残業代を充てているので帰れない
罰ゲーム型	成果を上げている人が長く働いているので帰りづらい

出典：神内伸浩「定額残業代制度の設計・運用にかかわる実務」『労務事情』第1327号、p.11

❶「事前承認制」の運用

事前承認制とは、事前に時間外労働が必要かどうかについて労働者に申請させ、本当に必要な労働のみを認めるという制度です。これは、ダラダラ残業防止のために有効であり、日常業務の密度を濃くする効果も期待できます。

❷ 残業禁止命令

管理者の指導に従わず、事業所に長時間在社し続ける社員への対応として、必要に応じて残業禁止の業務命令を出すことが効果的です。

❸「ノー残業デー」のすすめ

改善が難しい場合は、「残業しない日」を設けて、その効果をみることが多く行われています。

　厚生労働省は、始業・終業時刻の確認および記録を使用者に対して求めていますが、実際に客観的記録もなく、使用者がその場にいない場合にはどうなるのかが問題です。

　判例は、時間外労働の状況について争いがある場合、原則としてタイムカード記載の時刻をもって勤務時間を認定するのが相当であるとしています。しかし、近年の裁判例では、労働者側がタイムカード、パソコンのログ記録あるいは本人の日記等をもって、一応の証拠があった場合、会社側に労働時間ではなかったという、否定する証拠を求め、この否定する証拠が有効かつ適切でなければ、労働者の主張を認める裁判実務が定着しつつあります。

　タイムカード以外のさまざまな資料を参考にする裁判例もあります。例えば、日報類、機械的データ（パソコンのログデータ）や一定の定例的行動を基準としたり、開閉店時刻を基準に考えたりする例もあります。

4 年次有給休暇

❶ 年次有給休暇を正しく付与します

　6か月間継続勤務し、全労働日の8割以上出勤した労働者に対しては、年次有給休暇を与えなければなりません（労働基準法第39条）。非正規雇用の介護支援専門員であっても、この条件を満たしている場合は年次有給休暇を与えなければなりません。

図4-2　全労働日の8割以上の出勤率の計算方法

注：労働災害による休業期間、育児介護休業期間、産前産後休業期間、年次有給休暇取得期間は、出勤日として取り扱います。

❷ 年次有給休暇の賃金

年次有給休暇の賃金は、次のいずれかにより支払わなければなりません。

①　平均賃金（算定事由の発生した日以前3か月間にその労働者に対して支払われた賃金総

額をその期間の総日数で割った金額）

② 所定労働時間労働した場合に支払われる通常の賃金

③ 健康保険法に定める標準報酬日額に相当する賃金（労働者代表との協定がある場合）

表4-8　年次有給休暇の付与日数

週所定労働時間	週所定労働日数	1年間の所定労働日数（注）	雇入日から起算した継続勤務期間ごとの年次有給休暇日数						
			6か月	1年6か月	2年6か月	3年6か月	4年6か月	5年6か月	6年6か月以上
30時間以上			10日	11日	12日	14日	16日	18日	20日
30時間未満	5日以上	217日以上							
	4日	169日～216日	7日	8日	9日	10日	12日	13日	15日
	3日	121日～168日	5日	6日	6日	8日	9日	10日	11日
	2日	73日～120日	3日	4日	4日	5日	6日	6日	7日
	1日	48日～72日	1日	2日	2日	2日	3日	3日	3日

注：週以外の期間によって労働日数が定められている場合

Column　年5日の年次有給休暇の確実な取得

　2018（平成30）年の労働基準法の改正により、2019（平成31）年4月から、年10日以上年次有給休暇が付与されているすべての労働者に対して、年5日確実に取得させることになりました。労働者ごとに、年次有給休暇を付与した日（基準日）から1年以内に5日について、使用者は「労働者自らの請求」「計画年休」および「使用者による時季指定」のいずれかの方法で年次有給休暇を取得させる必要があります。使用者は、時季指定にあたり、労働者の意見を聴取しなければならず、またできる限り労働者の希望に沿った取得時季になるように、聴取した意見を尊重するよう努めなければなりません。

例：2022（令和4）年4月1日入社

① 2022（令和4）年4月入社→2022（令和4）年10月1日（基準日）10日付与

② 2022（令和4）年10月1日から2023（令和5）年9月30日までの1年間に5日の年休を取得させなければなりません。

　さらに使用者は労働者ごとの年次有給休暇管理簿を作成し、3年間保存しなければなりません。

5 賃金

❶ 賃金支払の5原則を守ります

賃金は、①通貨で②直接労働者にその③全額を支払わなければなりません。また、賃金は、④毎月１回以上、⑤一定の期日を定めて支払わなければなりません（労働基準法第24条）。

なお、次の場合は、賃金控除が認められています。

表4-9 賃金控除が認められるもの

① 法令によるもの（所得税、住民税、社会保険料等）
② 労働協約に定めがある場合（社宅費、昼食費など）

❷ 最低賃金額以上の賃金を支払います

最低賃金制度とは、最低賃金法に基づき国が賃金の最低限度を定め、使用者はその最低賃金額以上の賃金を労働者に支払わなければならないとする制度です（最低賃金法第４条）。地域別最低賃金と特定（産業別）最低賃金があり（**表4-10**）、居宅介護支援事業所は、地域別最低賃金が関係します。

最低賃金の対象となるのは、毎月支払われる基本的な賃金です。具体的には、実際に支払われる賃金から、臨時に支払われる賃金（結婚手当など）、賞与、時間外割増賃金などを除いたものが対象となります（**図4-3**）。

表4-10 最低賃金の種類

地域別最低賃金	都道府県で働くすべての労働者に対して適用される最低賃金（各都道府県に１つ）
特定（産業別）最低賃金	特定の産業で働く労働者に対して適用される最低賃金（適用される産業は都道府県ごとに異なる）

❸ 割増賃金を支払います

１日８時間、週40時間を超えた時間外労働に対しては、適切な割増賃金を支払わなければいけません（労働基準法第37条）。時間外労働に対しては25％以上、深夜（22：00から翌５：00まで）の労働に対しては25％以上の割増賃金をそれぞれ上乗せして支払わなければいけません。

延長した労働時間が月60時間を超えた場合は、一定規模以上の事業所では50％以上の割増賃金を支払う必要があります（中小企業[2]は適用猶予あり）。また、法定休日労働に対しては

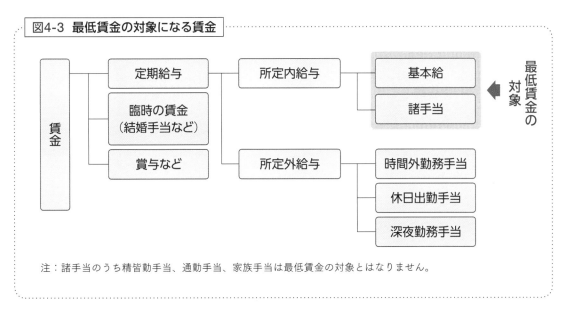

図4-3 最低賃金の対象になる賃金

注：諸手当のうち精皆勤手当、通勤手当、家族手当は最低賃金の対象とはなりません。

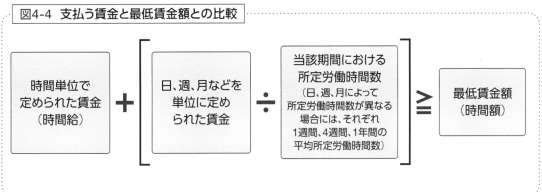

図4-4 支払う賃金と最低賃金額との比較

表4-11 割増率

①	時間外労働に対する割増率⇒ 25%以上
②	法定休日労働に対する割増率⇒ 35%以上
③	深夜業（午後10時から翌日午前5時までの労働）に対する割増率⇒ 25%以上

35%以上の割増賃金を上乗せして支払わなければいけません（**表4-11**）。

2）　中小企業基本法では、「製造業その他」「卸売業」「サービス業」「小売業」の業種ごとに資本金の額（出資の総額）、従業員の数に応じて中小企業の範囲が定められています。居宅介護支援事業所は、業種はサービス業となり、資本金の額または出資の総額が5,000万円以下、および常時使用する従業員の数が100人以下ならば中小企業となります。

❹ 割増賃金の計算方法

❶ 割増賃金の基礎となる1時間当たりの賃金額（月給制の場合）

１時間当たりの賃金額＝月給額÷１か月の所定労働時間数（※）

※月によって所定労働時間数が異なる場合には、１年間における１か月平均所定労働時間
数を用います。

（計算例）年間休日105日、１日の所定労働時間８時間の場合

（365日－105日）÷12か月×８時間＝173.3時間

❷ 割増賃金の基礎となる賃金には含まれない賃金

家族手当など、割増賃金の算定には含まれない賃金もあります（**表4-12**）。ただし、手当の
名称にかかわらず、手当の実質的内容によって、除外されるか否かが判断されます。

表4-12 割増賃金の基礎となる賃金には含まれない賃金

家族手当、通勤手当、別居手当、子女教育手当、住宅手当、臨時に支払われた賃金（結婚手当など）、１か月を超えるごとに支払われる賃金（賞与など）

❻ 労働者名簿、賃金台帳

労働者の労務管理を適切に行うため、事業所ごとに労働者名簿を作成し、労働者の氏名、雇
入れの年月日、退職の年月日とその事由等を記入しなければなりません。

また、賃金台帳も事業所ごとに作成し、労働者の氏名、労働日数、労働時間数、時間外労働

表4-13 労働者名簿と賃金台帳

	記載事項	保存期間
労働者名簿	● 従業員の氏名 ● 雇い入れの年月日 ● 退職の年月日およびその事由　など	従業員の退職等の日から３年間[3]
賃金台帳	● 従業員の氏名・性別 ● 賃金計算期間 ● 労働日数 ● 労働時間数 ● 時間外労働時間数 ● 基本給、手当その他賃金の種類ごとにその額など	最後の記入をした日から３年間[3]

時間数、基本給等を、賃金の支払のつど、遅れることなく記入しなければなりません。

記載内容等必要な記載項目を満たしていれば様式は問いませんが、労働関係に関する重要な書類ですので、それぞれ3年間[3)]保存しなければなりません（労働基準法第107条から第109条）。

7 解雇・雇い止め

❶ 解雇・雇い止めを行う場合は、予告等の手続きをします

解雇は、客観的に合理的な理由を欠き、社会通念上相当と認められない場合は、権利を濫用したものとして無効となります（労働契約法第16条）。また、期間の定めのある労働契約（有期労働契約）の場合は、やむを得ない事由がある場合でなければ、契約期間中に解雇することはできません（労働契約法第17条）。期間の定めのない労働契約の場合よりも、解雇の有効性は厳しく判断されます。

やむを得ず労働者を解雇する場合には、少なくとも30日前までに予告する必要があります（労働基準法第20条）。予告を行わない場合には、解雇までの日数に応じた解雇予告手当を支払う必要があります。

3回以上有期労働契約を更新しているか、1年を超えて継続して雇用している労働者について、その契約を更新しない場合には、少なくとも30日前までに予告する必要があります（有期労働契約の締結、更新及び雇止めに関する基準第2条）。なお、あらかじめ更新しない旨を明示している場合は除きます。

労働契約法に定められている「客観的に合理的な理由」のほか、法令上の解雇制限もあります。

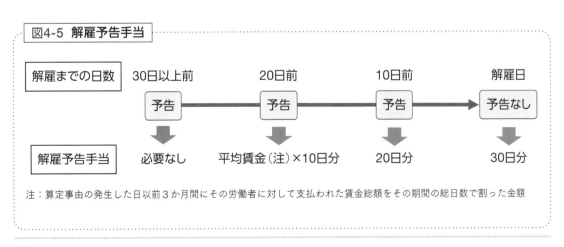

図4-5 解雇予告手当

注：算定事由の発生した日以前3か月間にその労働者に対して支払われた賃金総額をその期間の総日数で割った金額

---

3) 2020（令和2）年の労働基準法改正により、書類の保存期間は3年から5年に延長されました。ただし、経過措置として、当分の間は3年が適用されます。

表4-14　法令に定める解雇制限

労働基準法上の制限	差別的取扱禁止（第３条） 解雇制限期間（第19条） 解雇予告（第20条） 産前・産後の解雇制限（第19条） 監督機関への申告（第104条）
男女雇用機会均等法上の制限	性別による差別的取扱禁止（第６条）
育児・介護休業法上の解雇制限	育児・介護休業取得による解雇禁止（第10条、第16条）
労働組合法上の解雇制限	不当労働行為（第７条）
公益通報者保護法上の解雇制限	公益通報者の保護（第３条）

❷ 退職証明書等を交付します

　労働者が、退職にあたって、使用期間、業務の種類などについて証明書を請求したときには、使用者は遅滞なく退職証明書を交付しなければなりません（労働基準法第22条）。

　退職証明書は元勤務先に在籍していたことを証明するものです。公的な書類ではありませんが、使用期間、業務の種類、役職、賃金、退職事由（退職の事由が解雇の場合にあっては、その理由を含む）などが記載されます。従業員の転職先から求められたり、国民健康保険と国民年金の手続きで使用したりと、さまざまな用途があります。

　労働者が、解雇の予告をされた日から退職の日までの間に解雇の理由について証明書を請求したときには、使用者は遅滞なく解雇理由証明書を交付しなければなりません。

　退職証明書、解雇理由証明書には、労働者の請求しない事項を記載してはいけません。

図4-6　退職証明書

労働者が退職した場合 （請求があった場合）		退職証明書の 発行	記載内容 ① 使用期間 ② 業務の種類 ③ 役職 ④ 賃金 ⑤ 退職の理由（解雇の場合はその理由を含む）など

❸ その他の労働条件

❶ 休業手当（労働基準法第26条）

所定労働日に会社側の都合により労働者を休業させた場合、休業させた日について、平均賃金の6割以上の手当（休業手当）を支払わなければなりません。

❷ 産前産後休業（労働基準法第65条）

産前休業：出産予定日を基準として6週間（多胎妊娠の場合は14週間）以内の女性が請求した場合には就業させてはいけません。

産後休業：出産日を基準として8週間は就業させてはいけません。ただし、産後6週間を経過し本人が請求した場合には、医師が支障ないと認めた業務に就かせることができます。

❸ 妊産婦の労働時間・休日労働等の制限（労働基準法第66条）

妊産婦が請求した場合、時間外・休日労働、深夜業を行わせてはなりません。なお、変形労働時間制を採用していても（フレックスタイム制を除く）、1日の法定労働時間を超えて労働させてはいけません。

❹ 育児時間（労働基準法第67条）

1歳未満の子どもを育てる女性から請求があった場合には、休憩時間のほかに、1日2回、それぞれ少なくとも30分の育児時間を与えなければなりません。

❺ 制裁規定の制限（労働基準法第91条）

労働者の服務規律違反に対し、訓戒、減給、出勤停止、懲戒解雇などの制裁を課す場合、就業規則において、制裁事由とそれに対する制裁の種類・程度を記載する必要があります。就業規則に減給の制裁を定める場合、表に示すとおり制限が設けられています（**表4-15**）。

表4-15 減給額の限度

- 1回の制裁事案に対する減給額は平均賃金の1日分の半額を超えてはいけません。
- 一賃金支払期において複数の制裁事案がある場合、減給の総額は当該賃金支払期における賃金総額の10分の1を超えてはなりません。

❽ 安全衛生管理

❶ 産業医の選任等、安全衛生管理体制を整備します

　労働安全衛生法では、労働災害の防止などを目的として、安全衛生管理体制を整備することが義務づけられており、事業場の業種、規模などに応じて、総括安全衛生管理者、安全管理者、衛生管理者および産業医を選任する必要があります。

　常時50人以上の従業員を使用する職場では、産業医と衛生管理者を選任し、衛生委員会を設置する必要があります（労働安全衛生法第12条、第13条、第18条）。また、常時10人以上50人未満の従業員を使用する職場では、衛生推進者を選任する必要があります（同法第12条の２）。なお、「常時使用する従業員」とは、短時間勤務の従業員を含めて使用する従業員を指します。併設する事業所がある場合は併設事業所の人数と合わせて考えます。

　衛生委員会の人数について、労働安全衛生法上、特に定めはありません。そのため、職場の規模に応じて定めることができます。また、メンバーについては、総括安全衛生管理者または、事業の実施を統括管理する者などのなかから１人、衛生管理者や産業医、衛生に関して経験を有する従業員のなかから事業者が指名します。

　衛生委員会は、毎月１回以上開催しなければならず、議事の内容は衛生委員会開催のつど、遅滞なく従業員に周知しなければなりません。具体的には、「労働者の健康障害を防止するための基本となるべき対策に関すること」「労働者の健康の保持増進を図るための基本となるべき対策に関すること」「労働災害の原因および再発防止対策で、衛生にかかるものに関すること」「労働者の健康障害の防止および健康の保持増進に関する重要事項」について調査審議することとされています。

　これらの安全衛生管理体制を整備し、従業員の健康障害の防止、健康の保持増進、労働災害の防止などを図る必要があります。

　事業者は、介護支援専門員を雇い入れたとき、もしくは配置転換をしたときは、安全衛生教育をしなければなりません。安全衛生教育は、労働災害を防止するために、どこに危険要因が潜んでいるかを理解させ、災害防止に寄与させることを目的としています。なお、介護支援専門員を雇用したときに実施する安全衛生教育は、通常の勤務とみなして賃金を支払う必要があります。

❷ 健康診断を実施します

　常時使用する労働者に対し、雇入れ時および１年以内ごとに１回、健康診断を実施する必要があります。なお、深夜業等の特定業務に常時従事する者については、６か月以内ごとに１回、定期に健康診断を実施しなければなりません（労働安全衛生法第66条、労働安全衛生規則

第43条から第45条）。

　また、健康診断の実施結果は、労働者本人に通知し、個人票を作成して5年間保存しなければなりません（労働安全衛生規則第51条、第51条の4）。

　短時間労働者であっても、その労働者が次の①から③までのいずれかに該当し、1週間の労働時間が、同種の業務に従事する通常の労働者の所定労働時間数の4分の3以上であるときは、健康診断を実施する必要があります。また、おおむね2分の1以上の者についても、実施することが望まれます[4]。

① 　雇用期間の定めのない者

② 　雇用期間の定めはあるが、労働契約の更新により1年以上使用される予定の者

③ 　雇用期間の定めはあるが、労働契約の更新により1年以上引き続き使用されている者

　「常時使用する従業員」が50人以上いる職場においては、定期健康診断を実施した際には、遅滞なく、定期健康診断結果報告書を所轄労働基準監督署長に提出しなければなりません（労働安全衛生規則第52条）。また、健康診断の実施は法で定められたものなので、その実施に要した費用を職員に負担させることはできません。

4）　短時間労働者及び有期雇用労働者の雇用管理の改善等に関する法律の施行について（平成31年1月30日基発0130第1号・職発0130第6号・雇均発0130第1号・開発0130第1号）

・第 **2** 節・
均等・均衡待遇を履行する者としての役割

　「同一労働同一賃金」とは、同一事業所における正社員と短時間・有期雇用労働者との間の不合理な待遇差の解消の取り組みを通じて、どのような雇用形態を選択しても納得できる処遇を受けられ、多様な働き方を自由に選択できるようにすることを目指すもので、居宅介護支援事業所においても無視することはできません。また、有期雇用労働者についても均等待遇の対象とされ、正社員と同一視すべき有期雇用労働者については有期雇用労働者であることを理由に差別的な取り扱いをしてはいけません。

1 不合理な待遇差を解消するための規定の整備

　同一労働同一賃金とは「働き方が同じであれば、同じ待遇にしましょう」「働き方に違いがあれば、その違いに応じた待遇にしましょう」ということですが、そもそも「働き方が同じ」とはどのようなことでしょうか。また「同じ待遇」とは何をもって「同じ」といえるのでしょうか。

　パートタイム・有期雇用労働法はその考え方について定めていますが、これを理解するにはまず基本的な用語をおさえておかなければなりません。それが「均衡待遇」と「均等待遇」という考え方です。

 用語解説

均衡待遇

　均衡待遇とは、「仕事の内容、または異動・転勤等の有無やその範囲が異なる場合は、その違いに応じた待遇にしましょう」ということです。

　パートタイム・有期雇用労働法第8条に規定されており、通常の労働者と短時間・有期雇用労働者との間で、①業務の内容とその業務に伴う責任の程度（職務の内容）、②職務の内容・配置の変更の範囲（人材活用のしくみや運用）、③その他の事情[5]のうち、それぞれの待遇の性質・目的に照らして適切と認められるものを考慮して不合理な待遇差が禁止されています。

均等待遇

　均等待遇とは、「仕事の内容や異動・転勤等の有無やその範囲が同じ場合は、待遇を同じにしましょう」ということです。

5）　職務の成果、能力、経験、合理的な労使の慣行、事業主と労働組合との交渉の経緯など

　パートタイム・有期雇用労働法第9条に規定されており、通常の労働者と短時間・有期雇用労働者との間で、①職務の内容、②職務の内容・配置の変更の範囲が同じ場合は、短時間・有期雇用労働者であることを理由とした差別的扱いが禁止されています。

　つまり、仕事の内容や異動・転勤等の有無やその範囲が同じ場合は基本的に待遇を同じにする必要があり、仕事の内容や人材活用のしくみや運用が異なる場合であっても、違いに見合った範囲での待遇差とすることが必要ということです。待遇差を設ける場合については、短時間・有期雇用労働者の求めに応じて、正社員との間の待遇差の内容や理由、その待遇を決定するにあたって考慮した事項について説明することが義務づけられています。

　なお、均衡待遇あるいは均等待遇が求められるのは、基本給、賞与、手当、福利厚生、教育訓練、安全管理等のすべての待遇です。

❷ 同一労働同一賃金ガイドライン

　同一労働同一賃金ガイドライン[6]（ガイドライン）は、同じ事業主のもとに雇用される通常の労働者と短時間・有期雇用労働者との間の合理性のない待遇の違い・差別的取り扱いの解消を目指しています。

　ガイドラインでは、通常の労働者と短時間・有期雇用労働者および派遣労働者との待遇が異なる場合に、どのような待遇の違いが不合理と認められ、どのような待遇の違いが不合理と認められないのか、その原則になる考え方と具体例を示しています。

❶ 基本給

　ガイドラインでは、基本給について、①職業経験・能力に応じて支給するもの、②業績・成果に応じて支給するもの、③勤続年数に応じて支給するものの3つに分けて、原則となる考え方と具体例を示しています。①、②、③それぞれについて、「職業経験・能力」「業績・成果」「勤続年数」に応じた部分について、通常の労働者と同一の短時間・有期雇用労働者には同一の支給を求め、一定の違いがあった場合には、その違いに応じた支給を求めています。

❷ 役職手当

　役職の内容に対して支給するものについては、通常の労働者と同一の役職に就くパートタイ

---

6) 短時間・有期雇用労働者及び派遣労働者に対する不合理な待遇の禁止等に関する指針（平成30年12月28日厚生労働省告示第430号）

ム労働者・有期雇用労働者には、同一の支給をしなければなりません。また、役職の内容に一定の違いがある場合においては、その違いに応じた支給をしなければなりません。

❸ 通勤手当および出張旅費

パートタイム労働者・有期雇用労働者にも、通常の労働者と同一の支給をしなければなりません。

❹ 賞与

賞与について、会社の業績等への貢献に応じて支給するものについては、通常の労働者と同一の貢献をしたパートタイム労働者・有期雇用労働者には、貢献に応じた部分につき、同一の支給をしなければなりません。また、貢献に一定の違いがある場合においては、その違いに応じた支給をしなければなりません。

❺ 時間外手当

通常の労働者と同一の時間外、休日、深夜労働を行ったパートタイム労働者・有期雇用労働者には、通常の労働者と同一の割増率等で支給をしなければなりません。

❻ 家族手当・住宅手当

家族手当、住宅手当等はガイドラインに示されていませんが、均衡・均等待遇の対象となっており、雇用主と従業員で個別具体の事情に応じて議論していくことが望まれます。

職場におけるハラスメントを予防する

　事業所の運営にあたり、介護支援専門員の確保は大変重要な課題です。介護支援専門員が安心して働くことができるよう、ハラスメント対策を含む職場環境・労働環境の改善が求められます。

　2021（令和3）年度介護報酬改定においては、ハラスメント対策を強化するため、すべての介護サービス事業者に、雇用の分野における男女の均等な機会及び待遇の確保等に関する法律（男女雇用機会均等法）等における事業者の責務を踏まえつつ、ハラスメント対策として必要な措置を講ずることが義務づけられました。

　なお、カスタマーハラスメントについては、その防止のための方針の明確化等の必要な措置を講じることが推奨されています。

1 ハラスメントの種類

❶ パワーハラスメント

　2012（平成24）年の職場のいじめ・嫌がらせ問題に関する円卓会議のワーキング・グループ報告では、「職場のパワーハラスメントとは、同じ職場で働く者に対して、職務上の地位や人間関係などの職場内の優位性を背景に、業務の適正な範囲を超えて、精神的・身体的苦痛を与える、又は職場環境を悪化させる行為をいう」と定義されています。

　職場におけるパワーハラスメント（パワハラ）にあたる例として次の6つが示されています。

表4-16 職場におけるパワーハラスメントの種類

① 身体的な攻撃（暴行・傷害）
② 精神的な攻撃（脅迫・名誉毀損・侮辱・ひどい暴言）
③ 人間関係からの切り離し（隔離・仲間外し・無視）
④ 過大な要求（業務上明らかに不要なことや遂行不可能なことの強制、仕事の妨害）
⑤ 過小な要求（業務上の合理性なく、能力や経験とかけ離れた程度の低い仕事を命じることや仕事を与えないこと）
⑥ 個の侵害（私的なことに過度に立ち入ること）

❷ セクシュアルハラスメント

　職場におけるセクシュアルハラスメント（セクハラ）は「職場において行われる性的な言動に対するその雇用する労働者の対応により当該労働者がその労働条件につき不利益を受け、又は当該性的な言動により当該労働者の就業環境が害されること」[7]と定義されます。セクハラの具体的な様子や状況はさまざまです。また、女性の男性に対するものや同性に対するものも含まれます。

　最高裁判所もセクハラが労働者の就業意欲の低下や能力発揮の阻害を招来することを指摘して厳しい判断をしています。「言葉によるセクハラが激しく断罪される時代」になったので、セクハラ防止対策も厳格に行う必要があります。

❸ マタニティハラスメント

　マタニティハラスメント（マタハラ）とは、「職場における女性に対する妊娠・出産等を理由とする解雇・雇い止め等の不利益扱いや妊娠・出産等にあたり精神的・身体的苦痛を与えること、または職場環境を害する言動」と定義されています。人材確保の観点からも長期的に企業にとってよい影響をもたらすので、その防止に積極的に取り組むべきです。

　また、男性労働者が、育児休業・子の看護休暇・時短勤務などの制度利用を希望したことや利用したことを理由として、同僚や上司等から嫌がらせなどを受け、就業環境を害される「パタニティハラスメント」（パタハラ）も防止しなければなりません。

❹ カスタマーハラスメント

　カスタマーハラスメント（カスハラ）は、「顧客等からのクレーム・言動のうち、当該クレーム・言動の要求の内容の妥当性に照らして、当該要求を実現するための手段・態様が社会通念上不相当なものであって、当該手段・態様により、労働者の就業環境が害されるもの」[8]と定義されます。

❺ 利用者や家族による暴力・ハラスメントの対策

　利用者・家族等からのハラスメント対策については職場におけるハラスメントとは異なる課題として取り組む必要があります。また、カスタマーハラスメント防止のための必要な措置の実施が推奨されています。

---

7) 事業主が職場における性的な言動に起因する問題に関して雇用管理上講ずべき措置等についての指針（平成18年厚生労働省告示第615号）
8) 厚生労働省「カスタマーハラスメント対策企業マニュアル」

管理者は、利用者や家族等からのハラスメントを、職員個人の問題としてではなく、居宅介護支援事業所およびこれを運営する法人の問題としてとらえることが必要です。職員が、現場におけるハラスメントを個人の問題として抱え込むのではなく、一人ひとりが安心・安全に働くことのできる環境づくりを行う必要があります。

　ハラスメントはいかなる場合でも認められるものではありません。この職業を選択し、日々業務に従事する職員を傷つける行為です。しかし、介護現場でハラスメントを受けたことのある職員は少なくありません。また、ハラスメントによりけがを負ったり病気になったりした職員、仕事を辞めたいと思ったことのある職員もいます。ハラスメントのなかには、暴行罪、傷害罪、脅迫罪、強制わいせつ罪等の犯罪になり得る行為もあります。

　事業者（事業主）は、職員（労働者）に対する安全配慮義務等があります。したがって、管理者もその責務として利用者・家族等からのハラスメントに対応しなければなりません。

　利用者・家族等のなかには、著しい迷惑行為を行っていると認識していない人がいると考えられます。また、疾患や障害、生活困難などを抱え、心身が不安定な人がいることにも留意する必要があります。しかし、ハラスメントの発生の有無は、利用者等の性格・状態像によって左右されるものではなく、客観的に判断し、再発防止策を講じることが必要です。

②ハラスメント対策の基本的な考え方

❶ 組織的・総合的にハラスメント対策を行う

　ハラスメントは介護現場における職員への権利侵害と認識することが必要です。ハラスメントであるか否かは客観的な判断が求められます。特にセクシュアルハラスメントまたは「精神的暴力」の場合は、その言動を受けた職員の感じ方にも配慮して判断する必要があります。

❷ ハラスメントは初期対応が重要

　初期対応が適切でなかったために、状況や関係性が悪化してしまうケースや、さらにハラスメントを誘発してしまうケースがあります。適切な初期対応が重要です。

❸ ハラスメントが起こった要因を分析する

　できるだけ正確に事実を確認して要因分析を行い、居宅介護支援事業所全体でよく議論して、ケースに沿った対策を立ててください。

　一方で、ハラスメントが発生する状況によっては、正確な事実確認には限界があるということを前提に、必要な対策を講じることも必要です。ハラスメントのリスク要因を参考に、事前に実施可能な対策がないかを検討しましょう。

❹ 介護サービスの質の向上に向けて取り組む

利用者の状況等に応じたサービスの提供（質の確保）が、ハラスメントを含めたさまざまなトラブルの防止につながります。利用者が安心して介護サービスを受けられるよう、職員が技術や知識を習得することが重要です。

❺ 問題が起こった際は事業所で共有し、職員が1人で抱え込まないようにする

問題が起こった際は、事業所で問題を共有する場を設け、対応方法を皆で議論します。ハラスメントを受けた職員や問題に気づいた職員が、1人で抱え込んでしまわないようにすることはもちろん、相談や報告を受けた管理者等も1人で背負わないようにすることが大切です。

❻ 事業所ですべてを抱え込まない

居宅介護支援事業所だけで対応できることには限界があります。地域の他団体・機関とも必要に応じて連携してください。

利用者や家族等の個人情報の提供にあたっては、第三者に提供することに対する同意の有無、または個人情報の保護に関する法律の例外要件を満たしているかどうか確認することが必要です。

特に、セクシュアルハラスメントの事例の場合は、第三者に情報を提供することによって、ハラスメントを受けた職員が、新たな精神的苦痛等を受けることがないよう、十分な配慮をすることが不可欠です。地域で問題意識を共有する体制の構築や意識醸成に向け、協力あるいは自身がリーダーシップを発揮してください。

ハラスメントは状況、程度、要因が多様で、それぞれの施設・事業所だけで適切かつ法令に則して対応することが困難な場合もあります。医師等の他職種、保険者、地域包括支援センター、保健所、地域の事業者団体、法律の専門家または警察等との連携が大切です。

❼ ハラスメントを理由とする契約解除は「正当な理由」が必要

契約解除の前提として、利用者やその家族等に対して、重要事項説明書の交付によって、提供するサービスの目的、範囲および方法に関して十分に説明を行い、利用者の理解を得るといった、契約解除に至らないような努力・取り組みを事業所として行うことが必要です。このような努力や取り組みを行っていても、やむを得ず契約解除に至るケースもあるかもしれません。しかし、居宅介護支援事業所側からの契約解除には「正当な理由」が必要です。

「正当な理由」の有無は個別具体的な事情によりますが、その判断にあたっては、

- ハラスメントによる結果の重大性
- ハラスメントの再発可能性

- 契約解除以外のハラスメント防止策の有無
- 契約解除による利用者の不利益の程度

等を考慮する必要があります。

「正当な理由」に基づき契約を解除した場合であっても、契約解除に至った原因および経緯を検討し、同様の事態を防止するための対策を講じましょう。

表4-17 「正当な理由」が肯定される可能性のある場合

利用者が職員に対し身体的暴力をふるい、他の施設・事業所および関係機関の担当者とともに利用者と話し合った。しかし、再発の可能性があり、かつ、複数名訪問等の再発防止策の提案も拒否されたとき、契約解除の予告期間をおき、後任の居宅介護支援事業所の紹介その他の必要な措置を講じて契約を解除した。

表4-18 「正当な理由」が否定される可能性のある場合

職員の不適切な言動に立腹した家族が暴言を口にし、次のような必要な措置を講じることなく、直ちに契約を解除した。
- その家族との話し合いにより信頼関係の回復に努めて再発防止を図る
- 担当職員を変更する
- 後任の居宅介護支援事業所の紹介　等

❸ 運営基準に基づく対応

2021（令和3）年度の介護報酬改定において、すべての介護サービス事業者にハラスメント対策を講じることが義務づけられました。事業者は、ハラスメントを防止するための方針を明らかにするなどの措置が求められます。

また、職場におけるセクシュアルハラスメントおよびパワーハラスメントの防止のために、事業主には次の措置を講じることが義務づけられています。

表4-19 事業主の措置

① 事業主の方針の明確化およびその周知・啓発
- 職場におけるセクシュアルハラスメント・パワーハラスメントの内容などを記した方針を示すとともに、管理・監督者を含む労働者に周知・啓発する
- セクシュアルハラスメント・パワーハラスメントを行った職員については、厳正に対処することを明らかにするとともに、その内容を就業規則などに規定し、管理・監督者を含む労働者に周知・啓発する
② 相談に応じ、適切に対応するために必要な体制の整備
- 相談窓口の設置
- 相談窓口の担当者が、内容や状況に応じ適切に対応できるようにする
③ 職場におけるセクシュアルハラスメント・パワーハラスメントがあった後の迅速かつ適切な対応

- 事実関係の迅速かつ正確な確認
- 事実確認ができた場合には、速やかに被害にあった職員、ハラスメントを行った職員双方に適切に対応する
- 再発防止に向けた措置を講ずる
④ 併せて講ずべき措置
- 相談者・ハラスメントを行った職員などのプライバシーを保護するために必要な措置を講じ、周知する
- 相談したこと、事実関係の確認に協力したことなどを理由として不利益な取り扱いを受けないことを示し、労働者に周知・啓発する

メンタルヘルス不調を予防するOJT

　事業者は、労働安全衛生法において、「心理的な負担の程度を把握するための検査を行わなければならない」（第66条の10）とされており、心理的な負担の程度を把握するためのストレスチェック等、メンタルヘルスケアを実施することが義務づけられています（常時使用している労働者が50人未満の事業場は努力義務）。

　また、労働契約法においても、「使用者は、労働契約に伴い、労働者がその生命、身体等の安全を確保しつつ労働することができるよう、必要な配慮をする」（第5条）とされ、安全配慮義務が規定されています。義務を怠った場合には、債務不履行責任が問われる場合もあります。

1 メンタルヘルスを良好に保つために

❶ 互いのメンタルヘルスに関心をもつ

　職場で元気に働くには、そこで働く職員の一人ひとりが、自身のことだけでなく、互いのメンタルヘルスに関心をもつことがとても大切です。特に管理者は介護支援専門員のメンタルヘルスについて気をつける必要があります。

❷ 職員間でコミュニケーションをとる

　職場におけるコミュニケーションを良好に保つことが職員のメンタルヘルスケアの基本です。まずは日頃、職員間でコミュニケーションをとることができているか、確認してみましょう。

　一方で、忙しさが増すほど、コミュニケーションの時間と心の余裕が少なくなります。そのため、一人ひとりが「意識的」にコミュニケーションをとるようにすることが大切です。管理者は職員間のコミュニケーションが積極的に行われるよう、配慮しましょう。多忙でコミュニケーションの時間をとれないときにこそ、管理者が職場の状況に関心をもち、職員間のコミュニケーションが活発になるように努めることが大切です。また、職員にもメンタルヘルスをよい状態に保つことができるよう意識してもらいます。

　メンタルヘルスを良好に保つことで、職員や利用者の満足度の向上、離職や業務上災害の防止が期待できます。

❷ メンタルヘルスケア

❶ メンタルヘルスの不調

　日々の業務にあたるなかで、「なんだかいつもと様子が違うな……」と感じる職員がいたとき、それはメンタルヘルス不調のサインかもしれません。本人が調子を崩しはじめていることに気づきにくいことがメンタルヘルス不調の一般的な特徴です。周囲が早期に発見し、早期に対応を始めることが大切です。

❷ メンタルヘルスの不調を放置しておくと

　メンタルヘルスに不調が生じているまま、勤務を継続すると、業務の効率が下がったり、コミュニケーション面に影響が生じたりし、それがさらなる心的負担となることもあります。ストレスが高まるとうつ状態になりやすく、自殺リスクの上昇につながります。また、職員がメンタルヘルス不調となり十分に働けなくなると、職場にとっても大きな損失となります。

　労働安全衛生法に基づき、メンタルヘルスケアの原則的な実施方法について定めた「労働者の心の健康の保持増進のための指針」が公表されています。事業者は、指針に基づき、事業場の実態に即した形で、ストレスチェック制度を含めたメンタルヘルスケアの実施に積極的に取り組むことが望ましいとされています。

❸ メンタルヘルスをケアするために

　メンタルヘルスケアには、

① 　メンタルヘルス不調を未然に防止する「一次予防」
② 　メンタルヘルス不調を早期に発見し、適切な措置を行う「二次予防」
③ 　メンタルヘルス不調となった職員の職場復帰の支援等を行う「三次予防」
があり、これらが円滑に行われる必要があります。

　早期発見、早期対応は「二次予防」にあたります。まずは、「二次予防」に取り組むことが大切ですが、職員のメンタルヘルスケアへの啓発が進み、徐々に職場内のメンタルヘルスケアの活動の質が向上してきたら、「一次予防」「三次予防」の活動にも取り組んでいきましょう。

❸ メンタルヘルスケアの進め方

❶ 管理者自らがメンタルヘルスケアを積極的に推進することを明らかにする

　まずは管理者が自ら、職場におけるメンタルヘルスケアを積極的に推進することを表明しま

しょう。

❷ 衛生委員会または安全衛生委員会の設置

「労働者の心の健康の保持増進のための指針」には、メンタルヘルスケアの基本的な考え方として次のとおり示されています。

① 衛生委員会または安全衛生委員会において、職員のメンタルヘルスケアに関し十分調査や審議を行うこと
② メンタルヘルスケアに関する事業場の現状とその問題点を明確にすること
③ その問題点を解決する具体的な実施事項等についての基本的な計画（心の健康づくり計画）を策定・実施すること
④ ストレスチェック制度の実施方法等に関する規定を策定すること

❸ メンタルヘルスの4つのケア

取り組みにあたっては、①セルフケア、②ラインによるケア、③事業場内産業保健スタッフ等によるケア、④事業場外資源によるケアの4つのケアが継続的かつ計画的に行われることが重要です。

① セルフケア：職員自身がストレスや心の健康について理解し、自らのストレスを予防、軽減するあるいはこれに対処する
② ラインによるケア：職員と日常的に接する管理監督者が、心の健康に関して職場環境等の改善や職員に対する相談対応を行う
③ 事業場内産業保健スタッフ等によるケア：産業医等の職場内の産業保健スタッフ等が、職場の心の健康づくり対策の提言を行うとともに、その推進を担い、また、職員および管理監督者を支援する
④ 事業場外資源によるケア：職場外の機関および専門家を活用し、その支援を受ける

まずは、4つのケアについて、自分の職場で何ができていて何ができていないのかを確認し、できていないことについては、産業保健総合支援センターや社会保険労務士に相談をしてみましょう。また、職員から意見を聴いてもよいでしょう。

職場のメンタルヘルスケアでは、職員自身が、ストレスに気づき、これに対処すること（セルフケア）の必要性を認識することが重要です。しかし、職場に存在するストレス要因は、職員自身の力だけでは取り除くことができないものもあります。職員のメンタルヘルスケアを推進していくには、働きやすい職場環境をつくることも含め、管理者が積極的に職員のメンタルヘルスケアに取り組むことが重要です。

メンタルヘルスケアは、個人だけで行うものではなく、組織的にも計画的に取り組む必要があるものであり、職員がそれぞれしっかり理解することも大切です。

4 「セルフケア」と「ラインによるケア」

❶ セルフケア

職員のメンタルヘルスケアを推進するには、職員自身がストレスに気づき、これに対処するための知識、方法を身につけ、それを実施することが重要です。これをセルフケアといいます。ストレスに気づくには、職員がストレス要因に対する反応やメンタルヘルスについて理解するとともに、自らのストレスやメンタルヘルスを正しく認識できるようにする必要があります。

このため、管理者は次の①～④を実施する必要があります。

① 職員に対して、セルフケアに関する教育研修、情報提供を行い、メンタルヘルスに関する正しい理解の普及を図る（**表4-20**）。

② 相談体制の整備を図り、職員自身がストレスに気づき、管理者に自発的に相談しやすい環境を整える[9]。

③ ストレスへの気づきを促すため、ストレスチェック制度によるストレスチェック[10]を実施する。

④ さらにストレスへの気づきを促すためにセルフチェックを行う機会を提供する。

表4-20 メンタルヘルスに関する教育研修・情報提供

- メンタルヘルスケアに関する事業場の方針
- ストレスおよびメンタルヘルスケアに関する基礎知識
- 介護の現場に特有のストレス
- セルフケアの重要性および心の健康問題に対する正しい態度
- ストレスへの気づき方
- ストレスの予防、軽減およびストレスへの対処の方法
- 自発的な相談の有用性
- 事業場内の相談先および事業場外資源に関する情報

セルフケアの基本は、自身のストレスの状況に気づくことです。このため、管理者は、職員に対して、定期的に自分のストレスの状態を振り返るように促しましょう。ストレスへの気づ

---

9) 相談しやすい環境づくり
　職員が、疲れているときに我慢せずに、疲れていることを管理者に申し出やすい、相談しやすい体制、職場風土をつくりあげるように努めましょう。

10) ストレスチェックの実施
　ストレスチェックは、常時使用している労働者が50人以上の事業場ではその実施が義務化されており、50人未満の事業場では努力義務となっています。しかし、ストレスチェックを適切に実施するとメンタルヘルスケアを推進するうえで多くの有用な情報が得られるため、すべての職員が受けることが望ましいといえるでしょう。ストレスチェックの実施に関心があれば、産業保健総合支援センターに相談をしてみましょう。

きのためには、ストレスチェックとは別に、随時、セルフチェックを行う機会を提供することも効果的です。自分の疲労やストレスの状況を評価するには、働く人のメンタルヘルス・ポータルサイト「こころの耳」[11]に掲載されている「働く人の疲労蓄積度セルフチェック」や「こころの"あんしん"プロジェクト」[12]に掲載されている「こころの健康度チェックリスト」などが有効です。

このほか、セルフケアに関する具体的な教育内容や情報については、働く人のメンタルヘルス・ポータルサイト「こころの耳」に掲載されていますので、参考にしてください。

なお、管理者以外の職員はセルフケアを行ったり、管理者がラインによるケアを行ったりしますが、管理者の場合、ラインによるケアが受けられないときは他の職員以上に意識的にセルフケアを行う必要があります。自分自身のメンタルヘルスの状態が安定していないと、部下のメンタルヘルスケアが十分に行えない可能性があります。管理者は自分自身のメンタルヘルスを良好に保つことにも気をつけましょう。

また、管理者は日頃からミーティングの際などに、メンタルヘルスに関することを話題にあげることで、職員のメンタルヘルスへの関心を高めておきましょう。さらに、同僚、家族、知人の支援があると、職員がメンタルヘルス不調になるリスクは軽減します。同僚だけではなく、職員のことをよりよく知っていて、その変化に気づきやすい最も身近な家族が職員のメンタルヘルスに関心をもつことも大切です。職員のメンタルヘルスケアを管理者だけで抱え込むのではなく、職員（同僚）や家族とも連携して、メンタルヘルスケアに関する情報を共有することで、メンタルヘルス不調の早期発見に努めましょう。

❷ ラインによるケア

メンタルヘルスの不調の一般的な特徴として、本人が体調不良を生じ始めていることに気づきにくいという点があります。管理者は職員に対し声をかけるなどし、職員の「いつもとの違い」に注意をはらう必要があります。職員のメンタルヘルスケアの基本は早期発見、早期対応です。日頃から職員と積極的にコミュニケーションをとることにより職員の行動様式や人間関係の把握に努めることは、早期に本人の変化に気づき、メンタルヘルスの不調の早期発見につながります。

また、早期発見、早期対応には、職員が自分のメンタルヘルス不調に気づいて、自ら申し出てもらえるような職場環境をつくりあげることも重要です。そのために、管理者には、日頃から職場環境に関心をもつことが期待されます。職員がメンタルヘルス不調となっていた場合には、その原因を本人の性格や成育歴などの個人の要因に求めてはいけません。管理者はどうし

11）こころの耳　https://kokoro.mhlw.go.jp/
12）こころの"あんしん"プロジェクト　https://www.anshin-kokoro.com/kokoroanshin/

表4-21 労働者の疲労蓄積度自己診断チェックリスト（一部）

1．最近1か月間の**自覚症状**について、各質問に対し最も当てはまる項目の□に√を付けてください。

1．イライラする	□ほとんどない(0)	□時々ある(1)	□よくある(3)
2．不安だ	□ほとんどない(0)	□時々ある(1)	□よくある(3)
3．落ち着かない	□ほとんどない(0)	□時々ある(1)	□よくある(3)
4．ゆううつだ	□ほとんどない(0)	□時々ある(1)	□よくある(3)
5．よく眠れない	□ほとんどない(0)	□時々ある(1)	□よくある(3)
6．体の調子が悪い	□ほとんどない(0)	□時々ある(1)	□よくある(3)
7．物事に集中できない	□ほとんどない(0)	□時々ある(1)	□よくある(3)
8．することに間違いが多い	□ほとんどない(0)	□時々ある(1)	□よくある(3)
9．仕事中、強い眠気に襲われる	□ほとんどない(0)	□時々ある(1)	□よくある(3)
10．やる気が出ない	□ほとんどない(0)	□時々ある(1)	□よくある(3)
11．へとへとだ（運動後を除く）	□ほとんどない(0)	□時々ある(1)	□よくある(3)
12．朝、起きた時、ぐったりして疲れを感じる	□ほとんどない(0)	□時々ある(1)	□よくある(3)
13．以前とくらべて、疲れやすい	□ほとんどない(0)	□時々ある(1)	□よくある(3)

2．最近1か月間の**勤務の状況**について、各質問に対し最も当てはまる項目の□に√を付けてください。

1．1か月の時間外労働	□ない又は適当　(0)	□多い　　　　(1)	□非常に多い　(3)
2．不規則な勤務（予定の変更、突然の仕事）	□少ない　　　(0)	□多い　　　　(1)	—
3．出張に伴う負担（頻度・拘束時間・時差など）	□ない又は小さい(0)	□大きい　　　(1)	—
4．深夜勤務に伴う負担（★1）	□ない又は小さい(0)	□大きい　　　(1)	□非常に大きい(3)
5．休憩・仮眠の時間数及び施設	□適切である　(0)	□不適切である(1)	—
6．仕事についての精神的負担	□小さい　　　(0)	□大きい　　　(1)	□非常に大きい(3)
7．仕事についての身体的負担（★2）	□小さい　　　(0)	□大きい　　　(1)	□非常に大きい(3)

★1：深夜勤務の頻度や時間数などから総合的に判断して下さい。深夜勤務は、深夜時間帯（午後10時—午前5時）の一部または全部を含む勤務を言います。

★2：肉体的作業や寒冷・暑熱作業などの身体的な面での負担

てその職員がメンタルヘルス不調となっているのか、まずは、仕事量や労働時間等の職場環境など、組織の状況に原因を求めて、その改善をすることが期待されます。職員に「いつもとの違い」があった場合には、まずは職場の要因が原因となっているかどうか確認をしましょう。

　メンタルヘルス不調の原因となっている職場の要因があった場合、それが管理者の裁量で改善できるときは、改善して様子をみましょう。「できることからやってみる」という姿勢が大切です。

⑤ メンタルヘルスケアを推進するにあたっての留意事項

　管理者は、メンタルヘルスケアを推進するにあたって、次の事項に留意することが重要です。

表4-22 こころの健康度チェックリスト（職場用）（一部）

□欠勤・遅刻・早退が増えている
　事前に連絡なく急に仕事を休む、朝起きられず遅刻をする（特に休み明けに目立つ）

□体調不良を訴えて病院に行く事が増えている
　倦怠感・めまい・頭痛・耳鳴りなど様々な身体症状を訴え、休息をとっても改善しない

□仕事のミスが増えている
　これまでは見られなかったようなミスをする

□対人関係のトラブルが増えている
　これまで円滑に進んでいた上司・同僚・顧客との関係が上手くいかなくなる
　状況に見合う言葉を使えない、周囲とのやりとりがチグハグ、大切な約束をすっぽかす

□仕事がはかどらないことが増えている
　仕事の効率が悪く、仕事が一向にはかどらない（特に午前中に目立つ）
　落ち着きがなく、業務中に離席しトイレ・喫煙所・休憩所に行く回数が増える
　本人は仕事がはかどって能率的だと思っているが、仕事のまとまりが悪く完遂できていない
　具体的な指示は忠実に遂行できるが、曖昧な指示は意図を汲み取れない

□集中力が低下している
　呼びかけに応じない、何もせずにボーっとしている、物忘れが激しい、居眠りをしている

□身なりに変化が認められる
　化粧や髪型について無頓着である、衣服が乱れ不潔である
　突然、派手すぎる化粧や奇抜な格好をする

□食習慣に変化が認められる
　昼食を抜いている、昼食を残している、「食事の味がしない」と言っている
　極端に食事の量が増え、体重が増加している

□飲み会でのトラブルが増えている
　帰宅が心配なほど深酒するようになっている、飲酒すると性格や言動が別人のようになり問題を起こす
　勤務中に酒の臭いがする

□イライラした態度が目立ち、怒りっぽくなっている
　些細な事で部下を怒鳴り散らす、職場で暴言を吐く
　「自分はこんなに能力があるのに周囲が評価してくれない」と言って怒り出す

□気持ちが高ぶり、落ち着きがなくなっている
　感情の起伏が激しく、意味もなく陽気にはしゃいでいたかと思えば、突然怒り出したりする
　根拠のない自信に満ちあふれ、「私を中心に世界が回っている」など壮大な発言が増える
　金銭トラブルに巻き込まれるほどの浪費傾向が見られる

□口数が少なくなっている
　休憩時間中に他者との談笑を避け孤立している、独り言をつぶやいている様子がある

□悲観的な言葉が増え、涙もろくなっている
　「会社を辞めたい」「何の役にも立っていない」「死にたい」など後ろ向きな発言が増える

□周囲への迷惑を過剰に心配する
　「仕事が上手くいかないのは、自分一人のせいだ」など責任を負いすぎる、自責的になる

★□死にたい気持ちをほのめかす
　「死にたい」「消えたい」「楽になりたい」など口にする
　「忘れないでほしい」と文章で書く、職場で自殺未遂を起こす

★□他人を傷つけるおそれがある
　「訴えてやる」「殺してやる」など周囲を脅すような発言をする、急にかんしゃくを起こす

□その他
　普通に振る舞っているが、いつもの本人らしくないように見える
　（会話が続かない、目を合わさずに会話する、作り笑いの様に見える、挙動不審である）

注：★印が付いている項目に当てはまる場合は、早めの病院受診が必要な場合があります。

❶ メンタルヘルス不調の特性

メンタルヘルスについては、客観的な測定方法が十分確立していないため、その評価には、面談やストレスチェックにより、職員本人から心身の状況に関する情報を取得する必要があります。さらに、メンタルヘルス不調の発生過程には個人差が大きく、そのプロセスの把握は簡単ではありません。また、すべての職員がメンタルヘルス不調を抱える可能性があるにもかかわらず、メンタルヘルス不調を抱える職員に対して、その職員の性格や成育歴など、健康問題以外の観点から評価が行われる傾向が強いことや、メンタルヘルス不調を含む精神障害に対する誤解や偏見が根強くあることにも管理者は留意する必要があります。地道に職場内のメンタルヘルスケアを推進することが、そのような誤解や偏見を予防することにつながります。

❷ 職員の個人情報の保護

メンタルヘルスケアを進めるにあたっては、職員の個人情報の保護および職員の意思を尊重することが重要です。メンタルヘルスに関する情報の収集および利用にあたっての職員の個人情報の保護への配慮は、職員が安心してメンタルヘルスケアに参加できるだけでなく、メンタルヘルスケアがより効果的に推進されるための条件となります。

個人情報の共有の程度は職員によって考え方が異なります。それぞれの職員が、自分の個人情報について組織内でどの程度までであれば共有されることを認めるか、管理者は職員の意向を尊重する必要があります。

❸ 人事労務管理との関係

職員のメンタルヘルスは、職場配置、人事異動、職場の組織等の人事労務管理の要因によっても、影響を受けます。メンタルヘルスケアは、人事労務管理と連携することにより、よりうまく進めることができます。

❹ 職場以外のストレス要因

職員のメンタルヘルスは、職場のストレス要因だけでなく職場外のストレス要因の影響を受けている場合も多くあります。これらは複雑に関係し、相互に影響し合うことも多いため、メンタルヘルス不調の原因を職場と職場以外に明確に分けることが難しいケースが多くあります。必要に応じて、職場以外の要因については家族と情報の共有に努めましょう。

ただし、職場以外の問題への介入は難しいことが多いため、まずは、職場の要因を改善することから取りかかってみましょう。

❺ 小規模事業所の場合

❶ 衛生委員会または安全衛生委員会の設置

　衛生委員会等が設置されていない場合には、職場内で行うすべての職員が参加する定例のミーティングなどの機会に、職場内のメンタルヘルスケアの進め方について意見交換を行い、職員の合意を得ながら進めていけるとよいでしょう。また、そのような意見交換の場が、職員がメンタルヘルスに関心をもつことや、職場内でコミュニケーションを促進するきっかけになります。

❷ 職員の個人情報の保護

　規模が小さく職員の数が少ないことが多いため、人間関係が密な組織が多く、個室などの設備面の整備も難しいことから、個人情報が漏れやすい環境にあると考えられ、個人情報の保護には特に配慮する必要があります。一方で、職場にメンタルヘルス不調者が生じたときには、他の職員の協力が不可欠です。そういった場合には、その不調者の体調について事業所内である程度個人情報を共有する必要がある場合もあります。ある程度の情報を共有することで、メンタルヘルス不調者をサポートする側の職員の納得感も得られやすくなります。メンタルヘルス不調者が生じると、他の職員の負担が増えます。メンタルヘルス不調者の支援は、職員間で十分に話し合いをして、職員の納得感を得ながら進めましょう。

❸ 人事労務管理との関係

　職員数が少ないことが多いため、管理者が、人事労務管理を担当していることが多いと思います。メンタルヘルス不調者への対応において人事労務管理に問題がある場合には、産業保健総合支援センター・地域産業保健センターや社会保険労務士に相談します。

参考文献
- 厚生労働省・都道府県労働局・労働基準監督署「看護管理者のための労働基準法のポイント」2011年
- 三菱総合研究所「介護現場におけるハラスメント対策マニュアル」2022年
- 厚生労働省「新型コロナウイルス感染症に対応する介護施設等の職員のためのサポートガイド（第1版）」2021年
- 岡崎隆彦・西川伸男『就業規則取扱説明書——選ばれる企業のためのワークルール活用法』経営書院、2020年

第 **5** 章

財務管理

　居宅介護支援事業所の管理者には、さまざまな役割が求められます。そのうちの１つが財務管理です。

　居宅介護支援事業所は、社会福祉法人や医療法人のほか、株式会社や合同会社など、さまざまな法人形態で運営されており、規模も複数の介護サービスを有している大規模法人から、居宅介護支援事業所のみを運営している小規模法人、基準該当として法人格を有していない事業所までさまざまです。

　一般的な財務管理とは、法人の事業活動を円滑に行い、事業を継続しながら成長するため、経営を資金面から支えることです。第５章では、特に居宅介護支援事業所の管理者としておさえておきたい知識をわかりやすく紹介します。

財務管理における管理者の役割

1 財務管理とは

❶ 財務管理の目的

　財務管理の目的は法人の事業活動に必要な資金を調達し、事業を通じて利益を出す計画を立て、法人価値を高めていくことにあります。

　居宅介護支援事業所では、居宅介護支援サービスを通じて、介護報酬を得、人件費や事業にかかる必要な経費等の支払いを行うという会計業務が発生しており、安定的に事業を継続していくために、財務計画を立てたり、資金を確保して資金ショートを防いだり、災害などの不測の事態に備えた資金を確保したりといった財務管理は大変重要です。

　居宅介護支援事業所の管理者として、直接、財務管理を行っている場合は少ないかと思いますが、事業を運営していくにあたり、収入と支出のバランス、見込まれる収入額や支出額をある程度把握しておくことも大切になります。また、居宅介護支援事業所という部署に関して、法人としてどのような財務計画を立案しているか把握しつつ、数字や期間等が現実的ではない場合などは実際の状況等を法人経営者に報告したり、制度改正の動向や利用者の相談件数の状況などについて、情報を提供したりしつつ、実現可能な財務計画を立案することが重要となります。

❷ キャッシュ・フローの重要性

　財務管理を行ううえで最も重要な要素は、現金（キャッシュ）の流れ（キャッシュ・フロー）です。キャッシュがなくなると経費の支払いや納入業者に対する支払いが滞ったり、できなくなったりすることで、対外的な信用を失ってしまいます。また、賃金の圧縮や未払い、労働条件の変更等にもつながりかねず、事業所の従業員の信用をも失ってしまうことになりかねません。

　居宅介護支援事業などの介護保険事業の場合、当月の介護報酬は、翌月10日までに各都道府県の国民健康保険団体連合会（国保連）に請求することになりますが、審査を経て、法人に入金されるのは翌々月になるため、現金として運用できるのは2か月後になります。したがって、その間の人件費など、必要になる経費を事前に準備をしておく必要があります。特に事業開始当初は2か月分の資金計画が重要となります。

　また、介護支援専門員等の職員を増員する際にも、増員にかかる経費は増員した日から発生

するのに対し、増員した介護支援専門員が利用者を担当し、介護報酬として算定できたとしても入金は2か月後になります。増員した月に介護支援専門員1人分の人件費に見合う介護報酬を算定することは難しいことを考えると、増員してどの程度で収入と支出のバランスがとれるようになるのか、また、その間の資金はどの程度必要かなどを理解したうえで、増員の時期や人数等を法人代表者などと綿密に相談しておくことが大切になるかもしれません。

❷ 財務管理の業務内容

　財務管理の主な業務には、決算書の作成、財務分析、資金管理、利益管理などがあります。多くの場合、これらは法人として取り組む業務になるでしょう。居宅介護支援事業所の管理者としては、実際の収支の動向を適宜報告し、立案された財務計画との差が生じている場合には、その理由や原因を法人とともに分析し、計画の修正や事業方法等の戦略の見直しを行っていくことが重要になります。

　財務計画との間に生じた差異の分析、計画の修正や事業方法等の見直しが不十分だと、法人の認識と現実にギャップが生じます。そのギャップに気づくことが遅くなればなるほど、急激な財務計画の修正が必要となりますし、職員にも負担を強いることにもつながりかねません。管理者としては、職員保護の視点からも重要となります。

　財務管理にあたっても、ケアマネジメントプロセスと共通することが多くあります。

　まずはしっかりと予算を見通した財務計画を策定し（Plan）、計画に沿った事業を実施し（Do）、現状と計画との差の有無の確認を行い、差があった場合は原因等を分析し（Check）、財務計画を修正します（Action）。

　居宅介護支援事業所の管理者は、事業所や利用者の保険給付にかかわる管理とともに、職員の管理も行うことになりますが、それらを行うには、法人や事業所の財務状況を把握するとともに、事業計画として、どのように事業所運営を行うと、財務状況がどのように変化していくのか把握しておく必要があります。財務状況を把握していないと、必要になるであろう新たな人材の雇用や労働環境の改善等、事業運営にかかる必要経費等の捻出が可能か否か判断することができません。また、状況によっては優先順位をつけて段階的に実施していく必要があります。やみくもに必要だからと経費を要求しても、法人としては受け入れてもらえないこともありますし、ともすれば法人の運営が継続困難な状況に陥る危険性もあります。

　そのような事態を回避し、事業の継続や財務状況の安定化を含めて管理、運営することで地域や利用者に対するサービス提供を継続して行う必要があります。居宅介護支援事業所の管理者として、財務状況を把握したうえで、根拠をもって事業所運営を継続的に実施しなくてはなりません。

第2節 財務諸表の理解

第2節では、財務諸表[1] にかかわる基本的な知識を紹介するとともに、それらを居宅介護支援事業所の管理者としてどのように理解し、考えていけばよいかを解説していきます。

財務諸表のうち、ここでは貸借対照表、損益計算書、キャッシュ・フロー計算書について紹介します。それぞれ目的や内容が異なっていますので、確実に理解しておく必要があります。

1 貸借対照表（バランスシート、B／S）

貸借対照表は、バランスシートとも呼ばれます（**図5-1**）。

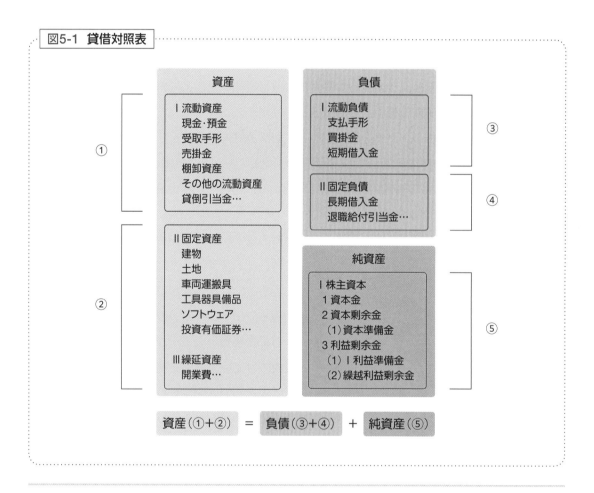

図5-1 貸借対照表

---

1) 財務諸表とは、企業の経営状況などを示す書類で、具体的には、貸借対照表、損益計算書、株主資本等変動計算書およびキャッシュ・フロー計算書並びに附属明細表などとされています（「財務諸表等の用語、様式及び作成方法に関する規則」第1条）。会社法により株式会社などにその作成が義務づけられています。このうち、貸借対照表、損益計算書、キャッシュ・フロー計算書を特に「財務三表」といいます。

貸借対照表はその法人の期末日（決算日）における財政状態と純資産の状況をまとめた重要な資料です。貸借対照表は、決算日において、その法人がどのくらい資産をもっていて、どのくらい負債を抱えているのかが示されており、資産と負債および純資産の合計が一致（バランス）するようにできています（**図5-1**）。

　また、貸借対照表は左側と右側に分かれており、左側には資産の部、右側には負債の部と純資産の部があります。

　左側には運用形態を示す資産が表示され、右側にはその資産の調達源泉である負債・資産が表示され、左右の合計金額は必ず一致することになります。

　流動資産には在庫として一時的に保管している「商品」も含まれますが、居宅介護支援事業所には「商品」はありませんので、現金や預金が中心になります。なお、国民健康保険団体連合会（国保連）に請求して入金されるまでのタイムラグが売掛金になります。

　「負債」は、流動負債（③）と固定負債（④）に分かれます。流動負債は買掛金（購入したものの支払いが済んでいないもの）や短期的な借入金などが相当し、固定負債は長期的な借入金などがあたります。

　一方、純資産（⑤）は主に、出資金や事業を通じて得た利益の蓄積などがあたります。

　簡単にいうと、法人の決算日において、どの程度の資産（①+②）があるか、その資産は負債（③＋④）によって成り立っているものか、純資産（⑤）から成り立っているものかを表しており、基本的に、資産（①+②）が多くても、その大部分が負債（③＋④）によって成り立っている場合は、将来的に返済等の支出が生じることが見て取れますし、逆に、資産（①+②）が少なくても、その大部分が純資産（⑤）から成り立っているものであれば、返済等の支出が発生することはなく、以降も着実に事業を継続することで資産（①+②）を積み上げていけるだろうということが見えてきます。

　貸借対照表を通じて、決算日における資金の調達と運用の状態が見えてきます。

2 損益計算書（Profit and Loss Statement、P／L）

　損益計算書はその法人における１年間の収益もしくは損益がどの程度なのか表します。損益計算書は「収益」「費用」「純利益」から構成されます（**表5-1**）。

　法人の損益は、その法人が定めている本業によって生じたかどうかで分類して損益計算書に記載されます。また、本業以外で得た損益は、さらに経常的に生じるものかどうかで分類されます。このように分類して記載することにより、その年は本業が好調なのか、本業以外から収益を得たのかといったことも知ることができます。

表5-1 損益計算書の構成要素

- 収　　益：どの程度の収益が上がったか
- 費　　用：収益のうち、使った費用はいくらか
- 純利益：収益から費用を差し引いた金額

　一方、先述した貸借対照表は法人が保有している資産（現金・預金、建物、土地など）、負債（買掛金、短期・長期借入金など）および純資産について記載したものです。損益計算書と貸借対照表には密接な関係があります。

　損益計算書の「当期純利益」は、貸借対照表の純資産の部の「利益剰余金」を構成します。したがって、当期純利益が増えれば、純資産が増えます。なお、当期純利益がマイナスの場合には「当期純損失」となり、法人の純資産が減ることになります。

❶ 売上高

　1年間で事業を行った結果、売り上げた金額を売上高といいます（**図5-2**の❶）。

❷ 売上総利益

　売上高から売上原価を差し引いた額を売上総利益といいます（**図5-2**の❷）。売上原価とは、例えば小売業の場合は商品の仕入れにかかった費用、また、飲食店では材料費がこれにあたります。居宅介護支援事業所の場合、介護支援専門員が直接、居宅介護支援を提供するため、会

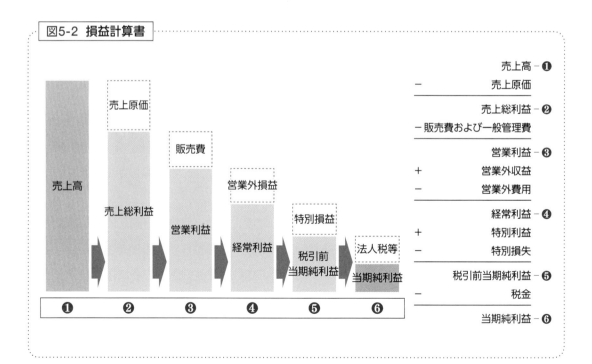

図5-2 損益計算書

		売上高 − ❶
−		売上原価
		売上総利益 − ❷
−		販売費および一般管理費
		営業利益 − ❸
+		営業外収益
−		営業外費用
		経常利益 − ❹
+		特別利益
−		特別損失
		税引前当期純利益 − ❺
−		税金
		当期純利益 − ❻

計処理上、売上原価は発生しないということになります。したがって、売上高がそのまま売上総利益になります。

❸ 営業利益

　売上総利益から、販売費および一般管理費を除いたものです（**図5-2の❸**）。販売費は、商品の販売やサービスの提供にあたって生じる経費で、一般管理費とは、販売には直接かかわりのない経費です。要するに通常の業務にかかる費用で、居宅介護支援事業所では主に人件費や事務所の家賃、保険料やリース代、ガソリン代や電話等の通信費、そのほか水道光熱費等がそれにあたります。

　販売費および一般管理費は、大きく固定費と変動費とに分けられます。固定費は売上高や職員の人数等に左右されず変わらない費用であり、例えば事務所の家賃や駐車場代、リース代や請求ソフトの使用料等が含まれます。一方、変動費は売上高や職員の人数等によって左右される経費であり、人件費や社会保険料のほか、ガソリン代や電話等の通信費が含まれます。

❹ 経常利益

　営業利益から営業外損益を差し引いたものを経常利益といいます（**図5-2の❹**）。営業外損益とは、例えば借入金返済にかかる金利等をいいます。営業外損益は、営業外収益（受取利息など）と営業外費用（支払利息など）に分かれ、営業利益に営業外収益を加え、営業外費用を除いたものが経営利益になります。

❺ 税引前当期純利益

　経常利益に特別利益を加え、経常利益から特別損失を除いたものが税引前当期純利益となります（**図5-2の❺**）。特別利益および特別損失とは、通常の活動では発生しないような利益・損失をいいます。特別利益には不動産などの固定資産売却益などが、特別損失には自然災害による損失などが含まれます。

❻ 当期純利益

　税引前当期純利益から算出した法人税等を差し引いた額を当期純利益といいます（**図5-2の❻**）。最終的にこの額が法人の手元に残る利益ということになります。

　こうしてみると売上高からさまざまな経費等が差し引かれることがわかると思います。

　損益計算書から、１年間でどの程度の収入があり、必要な経費を除くと、最終的にどの程度、利益として残ったのかおおよそ理解することができます。

　次に厚生労働省から発表されている令和２年度介護事業経営実態調査のデータ（**表5-2**）から、令和元年度決算の額をもとに損益計算書を作成し、経営実態を見ていきます（**表5-3**）。

売上高（介護料収入）は112万5000円で、すでに説明したように居宅介護支援事業には売上原価はなく、そのままの額が売上総利益となります。売上総利益から販売費および一般管理費（給与費＋減価償却費＋国庫補助金等特別積立金取崩額等）として112万7000円を差し引いて営業利益がマイナス2000円となっています。営業利益に営業外収益（介護事業外収入）を加

表5-2 居宅介護支援 1施設・事業所当たり収支額 収支等の科目

		令和元年度概況調査		令和2年度実態調査		平成29年度実態調査	
		平成29年度決算	平成30年度決算	令和元年度決算		平成28年度決算	
		千円	千円	千円		千円	
Ⅰ 介護事業収益	(1)介護料収入	1,118	1,137	1,125		1,004	
	(2)保険外の利用料	—	—	—		—	
	(3)補助金収入	4	4	1		2	
	(4)介護報酬査定減	-1	-1	-0		-0	
Ⅱ 介護事業費用	(1)給与費	939　83.7%	951　83.4%	941	83.6%	846	84.1%
	(2)減価償却費	17　1.5%	17　1.5%	16	1.4%	12	1.2%
	(3)国庫補助金等特別積立金取崩額	-2	-2	-1		-1	
	(4)その他	158　14.0%	163　14.3%	171	15.2%	147	14.6%
	うち委託費	8　0.8%	9　0.8%	6	0.6%	5	0.5%
Ⅲ 介護事業外収益	(1)借入金補助金収入	0	0	1		0	
Ⅳ 介護事業外費用	(1)借入金利息	1	1	1		1	
Ⅴ 特別損失	(1)本部費繰入	11	11	16		15	
収入 ①＝Ⅰ＋Ⅲ		1,122	1,140	1,126		1,006	
支出 ②＝Ⅱ＋Ⅳ＋Ⅴ		1,124	1,141	1,144		1,020	
差引 ③＝①－②		-2　-0.2%	-1　-0.1%	-18	-1.6%	-14	-1.4%
法人税等		3　0.2%	3　0.2%	4	0.3%	3	0.3%
法人税等差引 ④＝③－法人税等		-5　-0.4%	-4　-0.4%	-21	-1.9%	-17	-1.7%
有効回答数		605	605	768		910	

※比率は収入に対する割合である。
※各項目の数値は、決算期を12で除した値を掲載している。
※各項目の数値は、それぞれ表章単位未満で四捨五入しているため、内訳の合計が総数に一致しない場合等がある。

実利用者数			91.6人	93.7人		83.9人	
常勤換算職員数（常勤率）			2.8人　92.6%	2.6人	92.9%	2.5人	90.5%
介護支援専門員常勤換算数（常勤率）			2.5人　93.4%	2.4人	93.5%	2.4人	92.9%
常勤換算1人当たり給与費							
	常勤	介護支援専門員	355,553円	363,346円		358,229円	
	非常勤	介護支援専門員	294,705円	301,557円		318,654円	

実利用者1人当たり収入	12,446円	12,021円	11,989円
実利用者1人当たり支出	12,461円	12,211円	12,153円
常勤換算職員1人当たり給与費	358,168円	370,816円	363,552円
介護支援専門員（常勤換算）1人当たり給与費	351,529円	359,317円	355,407円
常勤換算職員1人当たり実利用者数	33.2人	36.4人	33.4人
介護支援専門員（常勤換算）1人当たり実利用者数	36.3人	39.4人	35.6人

資料：厚生労働省「令和2年度介護事業経営実態調査」

表5-3　令和元年度決算の損益計算書

(円)

売上高（売上総利益）	1,125,000
販売費および一般管理費	1,127,000
営業利益	-2,000
営業外収益	1,000
営業外費用	1,000
経常利益	-2,000
特別損失	16,000
税引前当期純利益	-18,000
法人税	4,000
当期純利益（損益）	-21,000

え、営業外費用（介護事業外費用）を除くと、経常利益は同じくマイナス2000円、さらに特別損失1万6000円を引くと税引前当期純利益がマイナス1万8000円となります。法人税の4000円を支払うと、当期純利益はマイナス2万1000円ということになります。

　あくまでも実態調査の金額を単純にあてはめただけですから、実際とは異なっています。なお、赤字であっても法人税以外に住民税の均等割がかかります。均等割は資本金や従業者数、また地方自治体によって異なりますが、資本金1千万円以下で従業者が50人以下の場合、最低でも年間7万円程度がかかります。

　これが居宅介護支援の経営実態ということになります。

　表5-3に示した令和元年度決算を仮に、特定事業所加算を算定していない事業所と想定した場合、同じ支出の状況で特定事業所加算(I)～(III)および(A)をそれぞれ算定した場合をシミュレーションしてみました（表5-4）。

　実利用者数は93.7人ですから、特定事業所加算(I)～(III)および(A)を算定した場合の加算額をそれぞれ売上高に加え、税引前当期純利益に対して、法人税（一律30%、(A)のみ均等割相当の7万円で仮定）を差し引いて当期純利益を算出した結果、特定事業所加算の算定により、損益が大幅に改善しており、事業所の財務状況の改善策としては大変有力な方法であることがわかります。

　事業所の財務状況を把握したうえで、どのようにすればその改善が図れるのか考えながら、事業運営を検討していくことで、経営の安定化につながり、事業の継続、職員等の処遇改善や労働環境の改善に向けた提案が可能となります。

　また、財務状況を改善することで、ICTやAIの活用のほか、感染症予防のための対策等、これから必要になるであろう新たな取り組みに躊躇なくトライできるのです。

表5-4　特定事業所加算を算定した場合

(円)

		特定事業所加算（Ⅰ）を算定した場合（利用者1人あたり+5,050円）	特定事業所加算（Ⅱ）を算定した場合（利用者1人あたり+4,070円）	特定事業所加算（Ⅲ）を算定した場合（利用者1人あたり+3,090円）	特定事業所加算（A）を算定した場合（利用者1人あたり+1,000円）
売上高（売上総利益）	1,125,000	1,598,185（+473,185）	1,506,359（+381,359）	1,414,533（+289,533）	1,218,700（+93,700）
販売費および一般管理費		1,127,000			
営業利益	-2,000	471,185	379,359	287,533	91,700
営業外収益		1,000			
営業外費用		1,000			
経常利益	-2,000	471,185	379,359	287,533	91,700
特別損失		16,000			
税引前当期純利益	-18,000	455,185	363,359	271,533	75,700
法人税	4,000	136,556	109,008	81,460	70,000
当期純利益（損益）	-21,000	318,629	254,351	190,073	5,700

実利用者数	93.7

3 キャッシュ・フロー計算書（キャッシュ・フロー、C／F）

　損益計算書からは、利益の有無はわかりますが、実際のお金の状況まではわかりません。売掛金等、売上高に計上されてもまだ手元に届いていないお金や購入しているがまだ支払っていないお金等があるからです。キャッシュ・フロー計算書は、現金（キャッシュ）の流れ（フロー）を示すものです。「営業活動」「投資活動」「財務活動」ごとに、現金の動きを明らかにしています。

　居宅介護支援事業所の場合、現金として運用できるのは2か月後になります。したがって、その間の人件費など、支払いが必要になる経費を事前に準備しなければなりません。必要経費についても、1回ごとに支払う、翌月支払う、半年分をまとめて年2回に分けて支払うなど、さまざまな方法があります。法人として把握しておかないと資金ショートにつながる危険性があります。

図5-3 キャッシュ・フロー計算書

（○○○＝金額）

Ⅰ営業活動によるキャッシュ・フロー	
税 金 等 調 整 前 当 期 純 利 益	○○○
減 価 償 却 費	○○○
売 上 債 権 の 増 加 額	○○○
棚 卸 し 資 産 の 減 少 額	○○○
仕 入 債 務 の 減 少 額	○○○
有 形 固 定 資 産 売 却 損	○○○
法 人 税 等 の 支 払 額	○○○
…	○○○
営業活動によるキャッシュ・フロー合計	**○○○**

Ⅱ投資活動によるキャッシュ・フロー	
有 価 証 券 の 取 得 に よ る 支 出	○○○
有 価 証 券 の 売 却 に よ る 収 入	○○○
有形固定資産の取得による支出	○○○
有形固定資産の売却による収入	○○○
…	○○○
投資活動によるキャッシュ・フロー	**○○○**

Ⅲ財務活動によるキャッシュ・フロー	
借 入 金 の 借 り 入 れ に よ る 収 入	○○○
借 入 金 の 返 済 に よ る 支 出	○○○
社 債 の 発 行 に よ る 収 入	○○○
社 債 の 償 還 に よ る 支 出	○○○
…	○○○
財務活動によるキャッシュ・フロー	**○○○**

Ⅳ現金及び現金同等物の増減額	○○○
Ⅴ現金及び現金同等物の期首残高	○○○
Ⅵ現金及び現金同等物の期末残高	○○○

出典：Gemstone税理士法人「キャッシュフロー計算書とは？キャッシュフローの基礎知識と活用法」 https://www.smbc-card.com/hojin/magazine/bizi-dora/finance/cash-flow.jsp

4 居宅介護支援事業所の管理者として押さえておきたいポイント

本章では、主に財務管理にかかわる基本的な知識を解説してきました。ここでは改めて居宅介護支援事業所の管理者として押さえておきたいポイントをいくつか説明します。

❶ 居宅介護支援事業所における収支の把握

法人の形態や規模にかかわらず、まずは自身の居宅介護支援事業所における収支を把握することが重要となります。

収入について、具体的には、利用者総数や居宅介護支援費の総額はもちろん、介護支援専門員一人ひとりの担当件数や請求額、各種加算の算定状況等を把握する必要があります。

事業所として、月々の収入額とその内訳を把握することで、介護支援専門員の増員や事務職員の配置などの見通しや計画が立てやすくなります。ICT導入や報酬改定に対する準備、対策

もより具体的に検討することができます。また、介護支援専門員ごとの担当件数の偏りや業務負担など、一人ひとりの労務状況を把握する際の参考となります。

支出については、居宅介護支援事業所として必要な経費がどの程度なのか把握します。法人として所有している部分（建物や車など）は難しいかもしれませんが、可能な限り、居宅介護支援事業所としての経費を把握します。法人によっては、人件費を別の部署で管理しており、管理者として把握できない場合もあるかもしれませんが、おおよその水準等は押さえておきたいところです。

おおよその支出が把握できれば、収入から支出を差し引くことで、居宅介護支援事業所としての収支がわかります。

❷ 居宅介護支援事業所における収支の改善可能性についての検討

居宅介護支援事業所としてのおおよその収支がわかったところで、次に考えたいポイントは、収支の改善可能性です。

居宅介護支援事業所の場合、要介護度の違いや特定事業所加算の算定状況により、多少の差はあるものの、利用者1人あたりの報酬が決まっているため、考え方としてはいたってシンプルです。収支の改善可能性、いわゆる利益を増やすためには、担当利用者の件数を増やす、もしくは、経費を削減し支出を減らすのどちらかになります。

ただし、やみくもに担当件数を増やすことを考えるのではなく、介護支援専門員の担当件数の偏りや業務負担などのほか、事業所や法人としての強みや特色などを総合的に検討したうえで、改善の可能性があるのかどうか、あるとすればどのような方法と手順でいつまでに行うのか計画的に検討していく必要があります。

収支が改善できれば、それに見合った給与の引き上げといった労働環境を整備するための取り組みなどが可能になります。介護支援専門員がより整った環境で、やりがいをもって業務にあたることができ、さらに業務に対するモチベーションも上がることで、質の向上や労働意欲の向上等が期待できます。

❸ 法人全体における居宅介護支援事業所の位置づけの把握

規模が大きければ大きいほど、他の部署の状況などは把握しづらいかもしれませんが、可能な範囲で、法人全体の収支と、法人における居宅介護支援事業所の位置づけや立ち位置を把握することで、法人における居宅介護支援事業所の状況をおさえることができます。

また、居宅介護支援事業所単体では困難なことであっても、法人で取り組むことで職員の処遇や、労働環境の改善につなげることができます。こうした取り組みを通じ、職員の満足度が上がる、求職者が増えるといった、課題となっている介護人材不足の解消に向けた好循環が期待できます。そうすることで、法人として新たな社会的ニーズに対する事業への発展や法人独

自のサービス等、さらなる社会貢献ができるようになれば、地域への信頼や役割も、より大きなものになります。

　財務管理は単に金銭的な管理を行い、収支（黒字か赤字か）を把握し、さらに利益を増やすことだけが目的ではありません。現状を把握したうえで、改善可能性やその方法を検討することで、介護支援専門員をはじめとする事業所職員の処遇や労働環境の改善、介護支援専門員としての知識や資質の向上を図り、より高度な居宅介護支援を提供することで地域の社会資源としての役割や社会貢献を果たすことができます。管理者として、そこで働いている職員が幸せで意欲と誇りをもって業務にあたることができるよう、法人や事業所内のマネジメントを行うことが求められています。

Column　総支給と差し引き支給額、いわゆる手取り額の差について

　法人によってさまざまだと思いますのでこのとおりではない場合もありますが、一般的には総支給額は右の例にあるように基本給や残業手当、職務手当や資格手当、交通費等を合わせた額になります。

　そこから健康保険、40歳以上の場合は介護保険、そのほか厚生年金保険、雇用保険等の社会保険料が差し引かれます。

　課税対象額は①の総支給額から②の社会保険料の合計額と交通費を引いた金額になります。ちなみに交通費は一定額以下であれば課税されません。その課税対象額に対して所得税や前年度の収入から算出された住民税を差し引いた額が差し引き支給額、いわゆる手取りの給料の金額ということになります。

　また、本人負担以外に法人負担もそれぞれの割合で発生しており、労働災害保険の保険料等においては全額事業所負担で支払われています。

給与明細（例）

基本給
残業手当
職務手当
資格手当
交通費（非課税）
等
①総支給額
健康保険（介護保険）
厚生年金保険
雇用保険
②社会保険料計
課税対象額（①-②-交通費）
③所得税
④住民税
差し引き支給額（①-②-③-④）

　一般的に法人側からいう1人あたりの給与は総支給の額面を、従業員側からいう給与は手取りの額面をいうことが多いと思いますので、その部分でも差異があります。昇給はあっても社会保険料等の引き上げ等でなかなか手取り額に反映されないということが起こりえますし、人員を増やすということは単純に手取り額以外にも法人としてのさまざまな経費が発生しているということを管理者は押さえておく必要があります。

参考文献
- ROBOT PAYMENT フィナンシャルクラウド事業部「財務管理とは？業務内容や円滑に管理するためのポイントなども解説」 https://www.robotpayment.co.jp/blog/accounting/11788/
- 岡和恵「貸借対照表（バランスシート）とは？読み方・見方を解説」 https://biz.moneyforward.com/accounting/basic/8605/

第6章

法令遵守・リスクマネジメント

管理者として事業所を適切に運営していくには、法令遵守・リスクマネジメントの理解を欠かすことはできません。

第6章では管理者に求められる、法令遵守・リスクマネジメントの知識について学びます。

第 **1** 節
法令遵守の徹底

1 法令とは

　日本国憲法を最高法規とし（日本国憲法第98条）、法律は国会議決を経て制定されます。法律のほか、勅令、政令、府令・省令、規則などが存在し、これらをまとめて「法令」と呼びます。

　私たちはこの世に誕生する前から母子保健法によってその生命を守られており、その後、心身ともに成長していく段階に合わせて、児童福祉法や学校教育法、教育基本法によって教育を受けていき、労働に関する法律で就労していきます。

　そして、介護保険法や健康保険法、医療法で適切な介護や医療を受け、最期は戸籍法による死亡届で人生を締めくくるのです。

　つまり、私たちの生活と法律はゆりかごから墓場まで、生涯付き合っていく、切っても切れない関係にあります。介護支援専門員の業務には介護保険法をはじめとするさまざまな法律がかかわっています。それぞれの法律の内容をしっかりと理解して業務にのぞむことが求められています。

2 法令遵守とは

　法令遵守とは、その言葉のとおり「法令を守る」ことです。なお、「法令」だけを守ればよいというわけではなく、社会的な規範やルールを含む幅の広い考え方です。

　介護保険法には、公正・中立な業務の実施、秘密保持をはじめとする、介護支援専門員の義務が定められています。このうち、第69条の34第2項では、「介護支援専門員は、厚生労働省令で定める基準に従って、介護支援専門員の業務を行わなければならない」とされています。また、介護支援専門員倫理綱領には、「私たち介護支援専門員は、介護保険法及び関係諸法令・通知を遵守します」とあります。介護支援専門員にとって、法令遵守は法に定められた「義務」であるわけですが、法や倫理綱領に定められているから、法令を守らなければならないというわけでは、もちろんありません。改めて指摘するまでもなく、介護支援専門員の業務は、介護保険制度の要であり、高齢者の自立した生活を支える公益性の高いものです。介護支援専門員には、高い意識と倫理性が求められます。介護支援専門員はそのことを自覚し、介護保険法をはじめとする、関連法令を十分に理解し、遵守する必要があります。

　また、介護支援専門員倫理綱領を理解し、利用者個人の尊厳の保持や権利擁護など、より具

体的な倫理上の行動指針を示していく姿勢が求められています。

❸ 介護支援専門員の業務と法令

改めて指摘するまでもなく、居宅介護支援事業所の管理者は介護保険法をはじめとする、業務にかかわるさまざまな関係法令を遵守する必要があります。

このとき、事業所の管理者のみが法律を理解し、遵守していればよいというわけではありません。事業所に従事する介護支援専門員一人ひとりが介護保険法や運営基準をはじめとする関係法令を遵守するよう、意識して日頃から業務にあたらなければなりません。

介護保険法や介護報酬は原則として3年に1回、改正・改定が行われていますし、厚生労働省からは随時、介護保険最新情報として情報提供も行われています。法令改正について適宜適切に情報収集し、研修や学習の機会をもち、法令遵守が法人・事業所で徹底されるよう努めなければなりません。

居宅介護支援を含む介護サービスの提供にあたっては、高齢者虐待の防止、高齢者の養護者に対する支援等に関する法律（高齢者虐待防止法）、成年後見制度などを活用している場合であれば民法などの理解も欠かせません。このほか、消費者契約法をはじめとする消費者保護にかかわる法令や個人情報の保護に関する法律（個人情報保護法）と関連するガイドラインに対する理解も求められます。

❹ 介護保険制度改正、介護報酬改定への対応

2000（平成12）年4月にスタートした介護保険制度は、これまでにも大きな改正が行われてきました。また、原則として3年ごとに介護報酬改定も行われています。

2021（令和3）年度の介護報酬改定においては、「感染症や災害への対応力強化」が掲げられ、感染症や災害が発生した場合であっても、利用者に必要なサービスが安定的・継続的に提供される体制の構築を図ることが求められるようになりました。なお、2021（令和3）年度の介護報酬改定では、そのほか、団塊の世代のすべてが75歳以上となる2025（令和7）年に向けて、2040（令和22）年も見据えた、「地域包括ケアシステムの推進」「自立支援・重度化防止の取組の推進」「介護人材の確保・介護現場の革新」「制度の安定性・持続可能性の確保」を図ることとされています。

「感染症や災害への対応力強化」にあたっては、日頃の備えと業務継続に向けた取り組みの推進として、①感染症対策の強化、②業務継続に向けた取り組みの強化、③災害への地域と連携した対応の強化が求められています（**表6-1**）。

なお、「介護施設・事業所における新型コロナウイルス感染症発生時の業務継続ガイドライ

ン」は施設・事業所において、ふだんから準備・検討しておくべきことが、サービス別にガイドラインとして整理されています。居宅介護支援事業所はもちろん、施設・事業所においてはガイドラインをふまえた、業務継続に向けた取り組みの強化が大切です。

表6-1 「感染症や災害への対応力強化」をふまえた取り組みなど

① 感染症対策の強化
　　介護サービス事業所に、委員会の開催や指針の整備、研修の実施等に加え、訓練（シミュレーション）の実施が義務づけられた。
② 業務継続に向けた取り組みの強化
　　すべての介護サービス事業者を対象に、業務継続に向けた計画等の策定、研修の実施、訓練（シミュレーション）の実施等が義務づけられた。
③ 災害への地域と連携した対応の強化
　　非常災害対策（計画の策定、関係機関との連携体制の確保、避難等訓練の実施等）が求められる介護サービス事業所（通所系、短期入所系、（地域密着型）特定施設入居者生活介護、施設系）を対象に、訓練の実施にあたって、地域住民の参加が得られるよう連携に努めなければならないとされた。

5 新型コロナウイルス感染症等の臨時的な取り扱いについて

　新型コロナウイルス感染症の拡大に伴い、介護サービス事業所の人員基準などについては臨時的な取り扱いが矢継ぎ早に出されました。その全体像を把握することは容易ではありませんでしたが、ふだんどおりの運営が非常に困難な状況にあっても事業所の管理者は、保険者や地域の職能団体とも連携しながら、アンテナを張り、すばやい情報の収集と職員への周知が求められます。

6 行政処分

　2017（平成29）年３月にまとめられた「介護保険法に基づく介護サービス事業者に対する行政処分等の実態及び処分基準例の案に関する調査研究事業報告書」から、2015（平成27）年度に行政処分を受けた事由の内訳をみると、不正請求が最も多く172件（32.3%）と全体の約３分の１を占めています。次いで、運営基準違反70件（13.2%）、人員基準違反68件（12.8%）と続きます。

　また、不正請求の詳細は、サービス提供がないという、いわゆる架空請求（47件）が最も多く、次いで、減算規定に該当しているにもかかわらず減算していないケース（27件）や、加算の要件を満たしていないのに加算請求をしている（27件）という事例が目立っています。

　介護保険法においても、他の法律と同様、罰則規定が設けられています。

　なお、介護保険法には、介護支援専門員の義務などが次のとおり定められています。

介護保険法

（介護支援専門員の義務）

第69条の34　介護支援専門員は、その担当する要介護者等の人格を尊重し、常に当該要介護者等の立場に立って、当該要介護者等に提供される居宅サービス、地域密着型サービス、施設サービス、介護予防サービス若しくは地域密着型介護予防サービス又は特定介護予防・日常生活支援総合事業が特定の種類又は特定の事業者若しくは施設に不当に偏ることのないよう、公正かつ誠実にその業務を行わなければならない。

2　介護支援専門員は、厚生労働省令で定める基準に従って、介護支援専門員の業務を行わなければならない。

3　介護支援専門員は、要介護者等が自立した日常生活を営むのに必要な援助に関する専門的知識及び技術の水準を向上させ、その他その資質の向上を図るよう努めなければならない。

（名義貸しの禁止等）

第69条の35　介護支援専門員は、介護支援専門員証を不正に使用し、又はその名義を他人に介護支援専門員の業務のため使用させてはならない。

（信用失墜行為の禁止）

第69条の36　介護支援専門員は、介護支援専門員の信用を傷つけるような行為をしてはならない。

（秘密保持義務）

第69条の37　介護支援専門員は、正当な理由なしに、その業務に関して知り得た人の秘密を漏らしてはならない。介護支援専門員でなくなった後においても、同様とする。

（報告等）

第69条の38　都道府県知事は、介護支援専門員の業務の適正な遂行を確保するため必要があると認めるときは、その登録を受けている介護支援専門員及び当該都道府県の区域内でその業務を行う介護支援専門員に対し、その業務について必要な報告を求めることができる。

2　都道府県知事は、その登録を受けている介護支援専門員若しくは当該都道府県の区域内でその業務を行う介護支援専門員が第69条の34第１項若しくは第２項の規定に違反していると認めるとき、又はその登録を受けている者で介護支援専門員証の交付を受けていないもの（以下この項において「介護支援専門員証未交付者」という。）が介護支援専門員として業務を行ったときは、当該介護支援専門員又は当該介護支援専門員証未交付者に対し、必要な指示をし、又は当該都道府県知事の指定する研修を受けるよう命ずることができる。

3　都道府県知事は、その登録を受けている介護支援専門員又は当該都道府県の区域内でその業務を行う介護支援専門員が前項の規定による指示又は命令に従わない場合に

は、当該介護支援専門員に対し、1年以内の期間を定めて、介護支援専門員として業務を行うことを禁止することができる。

4　都道府県知事は、他の都道府県知事の登録を受けている介護支援専門員に対して前2項の規定による処分をしたときは、遅滞なく、その旨を、当該介護支援専門員の登録をしている都道府県知事に通知しなければならない。

（登録の消除）

第69条の39　都道府県知事は、その登録を受けている介護支援専門員が次の各号のいずれかに該当する場合には、当該登録を消除しなければならない。

一　第69条の2第1項第1号から第3号までのいずれかに該当するに至った場合

二　不正の手段により第69条の2第1項の登録を受けた場合

三　不正の手段により介護支援専門員証の交付を受けた場合

四　前条第3項の規定による業務の禁止の処分に違反した場合

2　都道府県知事は、その登録を受けている介護支援専門員が次の各号のいずれかに該当する場合には、当該登録を消除することができる。

一　第69条の34第1項若しくは第2項又は第69条の35から第69条の37までの規定に違反した場合

二　前条第1項の規定により報告を求められて、報告をせず、又は虚偽の報告をした場合

三　前条第2項の規定による指示又は命令に違反し、情状が重い場合

3　第69条の2第1項の登録を受けている者で介護支援専門員証の交付を受けていないものが次の各号のいずれかに該当する場合には、当該登録をしている都道府県知事は、当該登録を消除しなければならない。

一　第69条の2第1項第1号から第3号までのいずれかに該当するに至った場合

二　不正の手段により第69条の2第1項の登録を受けた場合

三　介護支援専門員として業務を行い、情状が特に重い場合

7　介護保険制度における指導監督

介護保険制度における指導監督は、介護保険法第23条または第24条に基づく「指導」と第76条に基づく「監査」により行われます。

❶ 指導

介護保険法第23条では、保険給付に関して必要があると認めるときは、市町村が事業者に対し、文書その他の物件の提出・提示を求め、もしくは依頼し、または職員に質問、照会をさせることができるとしています。

図6-1 介護保険制度における介護保険施設・事業者に対する指導監督

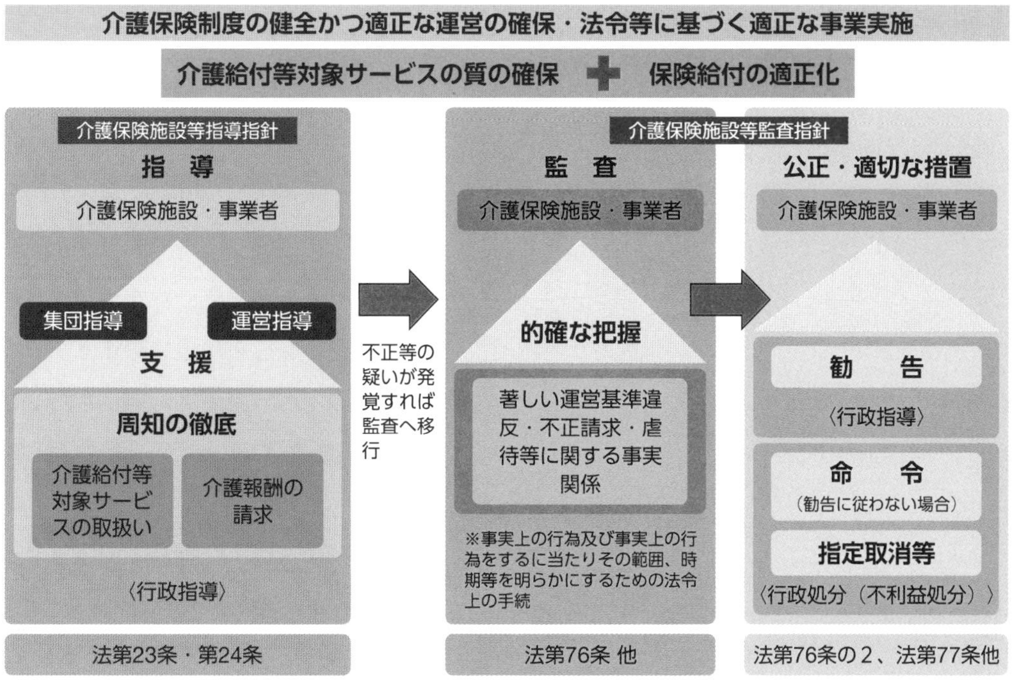

介護保険制度の健全かつ適正な運営の確保・法令等に基づく適正な事業実施

介護給付等対象サービスの質の確保 ✚ 保険給付の適正化

介護保険施設等指導指針

指 導

介護保険施設・事業者

集団指導　　運営指導

支 援

周知の徹底

介護給付等対象サービスの取扱い　　介護報酬の請求

〈行政指導〉

法第23条・第24条

不正等の疑いが発覚すれば監査へ移行

介護保険施設等監査指針

監 査

介護保険施設・事業者

的確な把握

著しい運営基準違反・不正請求・虐待等に関する事実関係

※事実上の行為及び事実上の行為をするに当たりその範囲、時期等を明らかにするための法令上の手続

法第76条 他

公正・適切な措置

介護保険施設・事業者

勧 告

〈行政指導〉

命 令

（勧告に従わない場合）

指定取消等

〈行政処分（不利益処分）〉

法第76条の2、法第77条他

出典：厚生労働省老健局総務課介護保険指導室「介護保険施設等運営指導マニュアル」2022年、p.2

　また、第24条では、厚生労働大臣または都道府県知事が、事業者に対し、提供した居宅サービス等に関し、報告もしくはサービス等の提供の記録、帳簿書類その他の物件の提示を命じ、または職員に質問させることができると定めています。

　介護保険施設等に対する指導は、行政機関が介護保険法第23条及び第24条に基づき、文書や物件の提示や提出を求めたり、質問・照会したりといった行政調査を行って、指導の対象とした介護保険施設等の情報を集め、その結果をもとに実施されます。

　指導には、集団指導と運営指導とがあり、いずれも介護保険施設等の適正な運営の確保のために行う支援および育成の観点から実施されます。集団指導は、正確な情報の伝達・共有による不正など未然防止を目標とし、一方、運営指導は、介護サービスの質、運営体制、介護報酬請求の実施状況などを確認するため、原則として、実地で行われます。

❷ 監査

　監査は、介護保険施設などで人員基準や運営基準の違反、不正請求、高齢者虐待等が認められた場合（そのおそれがある場合）に、報告、帳簿書類等の物件の提示を求め、関係者の出頭、質問を行うことにより情報を収集するとともに現地に立ち入って検査を行い、事実関係を確認

第6章 法令遵守・リスクマネジメント

する行為です。

---

❸ ケアマネジメントプロセス

介護保険制度におけるケアマネジメントは、居宅介護支援事業所の中心業務であり、ケアマネジメントプロセスは、「指定居宅介護支援等の事業の人員及び運営に関する基準」（運営基準）第12条および第13条の各号に基づき行われる一連の過程です。

改めて指摘するまでもなく、ケアマネジメントプロセスでは、介護支援専門員は利用者に対するアセスメントとして、利用者や家族、生活環境など、利用者を取り巻くさまざまな状況について情報収集を行い、それらの情報を分析し生活課題を把握することから始めます。

運営指導では、ヒアリングを通じて、利用者の全体像をとらえ、自立支援の観点から必要なニーズが引き出されているか、利用者の状態を改善するための課題やニーズの把握が行われているかといった点が確認されます。

アセスメントに基づいて作成された居宅サービス計画（施設サービス計画）の原案はサービス担当者会議で検討され、そのうえで利用者、家族に説明され、同意を得て、居宅サービス計画となります。また、介護支援専門員は、月1回、利用者の居宅を訪問して面接を行い、サービスの利用が始まった後の状況変化について把握します。

ケアマネジメントプロセスは、利用者によって異なり、したがって、これをもとに作成するケアプランが、複数の利用者についてすべてが同じということは本来ありえません。

運営指導にあたり、介護支援専門員はケアプランの内容について、詳細な説明ができるよう努める必要があります。

また、管理者は、事業所において定期的に運営指導マニュアルを周知し、確認項目や確認文書、各種加算等自己点検シート、各種加算・減算適用要件等一覧などの書類を、従業員全員で確認しておきます。

---

❹ 実施指導から運営指導に

介護現場の負担軽減に向け、介護保険施設・事業所などに対する実地指導について、介護保険施設等指導指針が見直され、指導形態が次の①、②および③とされることとなりました。

①　介護サービスの実施状況指導（個別サービスの質（施設・設備や利用者等に対するサービスの提供状況を含む）に関する指導）

②　最低基準等運営体制指導（運営基準等に規定する運営体制に関する指導）

③　報酬請求指導（加算等の介護報酬請求の適正実施に関する指導）

このうち、施設・設備や利用者などの状況以外の、実地でなくても確認できる内容（②および③）については、オンライン会議システム等を活用することが可能です。見直しに伴い、名称が「運営指導」となります。

遵守を徹底するための方法

1 組織統治の確立

　法令遵守が徹底されるようにするには、法人や事業所において組織統治が確立される必要があります。組織統治とは、「ガバナンス」や「コーポレートガバナンス」といわれ、法人や事業所といった組織が事業経営や運営を通じて適切に社会的責任を果たせるようにするための原則です。

　国際標準規格であるISO26000[1] では、表のとおり組織統治に関連する原則および考慮点を示しています（**表6-2**）。

表6-2　組織統治に関連する原則および考慮点

①　効果的な組織統治は、社会的責任の 7 つの原則※に基づいたものであること
②　リーダーシップは効果的な組織統治に不可欠であること
③　デューディリジェンス（適切な注意）は、組織が社会的責任に対処するうえで重要であること
※社会的責任の 7 つの原則
①説明責任、②透明性、③倫理的な行動、④ステークホルダーの利害の尊重、⑤法の支配の尊重、⑥国際行動規範の尊重、⑦人権の尊重

　さらに、「社会的責任の原則および慣行の運用を可能にするような意思決定のプロセスおよび構造」として、法令遵守により社会的責任を果たすために、組織に望まれる活動を以下のように掲げています（**表6-3**）。

表6-3　社会的責任を果たすために組織に望まれる活動

①　社会的責任へのコミットメントを表明する戦略、目的および目標の策定
②　リーダーシップの関与および説明責任の表明
③　組織の社会的責任に関する活動への、あらゆるレベルの従業員の効果的な参加の奨励

　表6-3に示すように、組織統治を確立するには、まず法人の代表者が法人・事業所の社会的責任へのコミットメントを表す、戦略、目的および目標をつくり上げることが大切です。コミットメントとは約束や誓約、公約などという意味です。ただし、この場合は、代表者が責任をもっ

第6章

法令遵守・リスクマネジメント

1）　すべての組織を対象とする社会的責任に関する国際規格。2010年に、認証を意図しない手引書（ガイダンス）としてつくられた。企業だけでなく、すべての種類の組織を対象にする。また、認証を目的とするのではなく、ガイダンス文書（手引書）として活用するためにつくられている。要求事項をあげて適合性評価を行うのではなく、組織は、規格の内容を参考に自主的に社会的責任に取り組むことになる。

て法令遵守に取り組んだうえで、法人・事業所の社会的責任、目標・目的の達成をするために組織統治を果たしていくということを宣言、公言するという趣旨となります。リーダーシップを発揮し、すべてのスタッフにも、法令遵守の取り組みに参加させるということです。

　このような組織統治の基盤があって、介護支援専門員をはじめとした事業所職員による取り組みや支援が有効となってきます。

２ 経営の透明性の確保

　経営というと金銭の収支や財務と狭義にとらえられがちですが、ここではサービスの内容や組織運営も含めた意味と考えて差し支えないでしょう。例えば、株式会社などの営利法人では、株主や投資家に対し財務内容を公表することが義務づけられています。一方、公益法人はその根拠法に基づき財産目録などの一定の情報開示を行うことになっています。

　単に収入と支出を見ただけでは、収支がプラスであっても、一時的な収入によってそうなったのか、介護サービスの利用者が増えたからなのかなどわからないことがあります。

　これらは、株主や投資家だけでなく、提供される介護サービスを受ける利用者・家族、働く従業員にとっても重要な情報です。特に介護サービスの場合、物品の売買と異なり形が残らないので、実際に利用した人しかそのサービスの本当の中身はわかりません。このように、経営の透明性を確保することは、利用者、家族、職員、ひいては株主や投資家をはじめ、多くの人にとっても重要な内容といえるのです。

３ 説明責任（アカウンタビリティ）と透明性の確保

　利用者・家族等に対する説明責任として、居宅介護支援事業所には重要事項説明書の交付と説明が義務づけられています。では、どういうところから説明責任（アカウンタビリティ）は発生したのでしょうか。

　説明責任で使用されるアカウンタビリティは「アカウント（会計）」と「レスポンシビリティ（責任、応答）」の合成語といわれており、株主等に対して会計（経営）に関する説明責任や説明のための義務を果たすというところからきています。そこから派生して、利用者・家族、関係機関、地域社会、住民、上司、その他のステークホルダー（利害関係者）に対する説明責任を果たしていくことを表すようになったといわれています。

　仮に、重大事故が発生した場合、その事故の結果だけ説明されても原因がわからず、ふだんから予防策がたてられていたのか、研修などは行われていたのかなどの疑問が湧いてきます。特に医療や介護などの専門分野においては、専門職と利用者・家族などの非専門職の間に情報の非対称性（どちらかだけが相当多くの情報をもっていること）が存在するため、事故等の場

合だけでなく、通常の支援においても利用者・家族、あるいは他のステークホルダーが理解できる表現や言葉で説明する必要があります。さらに、事故発生時や支援を受けたときだけでなく、日常的に行われている取り組みなども見える、わかるように情報提供を続けることで信頼関係が構築されていきます。

4 契約

　契約とは、簡単にいえば、法的な拘束のことをいいます。権利、義務を定めて、法的な拘束力をもたせましょうという約束です。契約が成立すると、一方はもう一方に対して、契約で定めた権利・義務を得ます。

　契約の成立には、当事者間の合意が必要です。そのため、一方だけが「こんな権利にしたい」と思っても、相手がそれを了承していなければ契約によって権利が生まれることはありません。契約をする両当事者の間で意思が合致すること（合意）が必要です。

　合意があれば、原則として、契約は契約書などの書面がなくても成立します。（民法第522条第2項）。例えば、お店で物を買うときや友人からの少額のお金の貸し借りでは、いちいち契約書を作成しません。

　それでも、契約する際に、契約書を作成するのは、契約書が以下のような点でトラブルの予防、トラブルの解決に役立つからです。

❶ 従うべきルールを明確にする

　契約書には一方がもう一方に何を求めることができるのか、何をしなければならないのかなどのルールが明文化されています。話し合って合意したことであっても、時が経てば内容を忘れてしまうことは当然です。また、内容が複雑であれば、どのような合意を得たのか正確に覚えておくことには無理があります。その際、契約書を交わしておけば、どのようなルールが当事者間でつくられたのかが明確になるので、解決の指針になります。

❷ 紛争を見据えた証拠化

　トラブルが生じたときは、裁判手続きなどを活用する場合があります。

　裁判などの手続きでは、最終的な判断をするのは裁判官などの第三者です。このような第三者からすれば、当事者間でどのような契約がされたのかは、資料がなければ知る由もありませんし、立証することが困難になります。契約書があれば、どのような契約がされたのかが第三者からも理解しやすく、証拠として、自らの主張を根拠づけられることになります[2]。

　このように、事故発生時等の際の説明責任に加えて日常の支援や、活動について透明性を確保することが、利用者・家族と専門職の双方だけでなく、関係者との間に信頼関係を構築させ、

より安心、安全かつ質の高い介護サービスやケアマネジメント提供につながるといえます。

⑤ 透明化を図るべき内容と図るための方法

　運営規程などは、重要事項説明書を交付して説明することが義務づけられています。また、事業所において掲示、閲覧できるようにすることが求められていますが、実際に利用者・家族がわざわざ事業所まで出向いてその内容を確認するのは容易ではありません。そのため、介護サービス情報公表制度を活用した一定の情報提供が可能となっています。

　また、介護保険サービスのうち、いわゆる福祉系サービスについては、福祉サービス第三者評価事業が行われており、受審した施設や事業所については、独立行政法人福祉医療機構が運営する「福祉・保健・医療総合情報サイト（WAMNET）」にて評価調査結果が公表され、透明性を確保する取り組みがあります。

2）　中野友貴編著『先生！バナナはおやつに含まれますか？――法や契約書の読み方がわかるようになる本』第一法規、2018年、p.150

○ 第 **3** 節 ○
リスクマネジメント

　「リスクマネジメント」という言葉は、近年では一般的に使われるようになりました。直訳すれば「リスク＝危機、危険」「マネジメント＝管理、経営」ですから、危機管理ということになります。

1 居宅介護支援事業所の管理・運営におけるリスク

　介護サービスは、利用者・家族の生活を支えるうえで欠かせないものであり、たとえ、感染症や自然災害が発生した場合でも、安定的・継続的に提供されることが重要です。そのため、2021（令和3）年度介護報酬改定においては、すべての事業所に業務継続計画（Business Continuity Plan：BCP）の作成が義務づけられました（2024（令和6）年3月31日までの経過措置あり）。

　国では、新型コロナウイルス感染症発生時の業務継続ガイドラインおよび自然災害発生時の業務継続ガイドラインを示し、事業所による業務継続計画（BCP）の作成を支援しています。

❶ 新型コロナウイルス感染症発生時の業務継続ガイドライン

　施設・事業所で新型コロナウイルス感染症が発生した場合の対応、それらを踏まえて平時から準備・検討しておくべきことが、介護サービス類型に応じた業務継続ガイドラインとして整理されています。

❷ 自然災害発生時の業務継続ガイドライン

　自然災害発生時の業務継続ガイドラインは、大地震や水害等の自然災害に備え、介護サービスの業務継続のために平時から準備・検討しておくべきことや発生時の対応について、介護サービス類型に応じたガイドラインとして整理されています。

2 リスクへの対応

　リスク対応には、回避、低減、移転、受容の4つがあるといわれています。

❶ 回避：リスクを発生させない

　リスクに対して事前に対策を講じることでリスク発生の確率を下げるのが「回避」策です。

例① ノートパソコンの紛失、盗難、情報漏洩に備えてパスワードを設定する。

例② 従業員に情報セキュリティ教育を実施し、セキュリティに対する知識を充実させる。

❷ 低減：リスクの影響を小さくする

リスクが発生したときの影響を少なくするのが「低減」策です。

例① 自動車に乗る際に万が一に備えて、後部座席でもシートベルトを締める。

例② 台風が来ることを想定して、雨戸や窓ガラスの戸締りを厳重に行い、台風による被害を最小限にする。

❸ 移転：リスクの影響を他に移す

リスクが起きたときに影響を第三者に移そうと考えるのが「移転」策です。ただし、すべてのリスクが移転できるとは限らず、金銭的なリスクなど、一部のみ移転可能です。

例① 保険で損失を補填する。

例② 社内の情報システムの運用を他社に委託する。

例③ 不正侵入やウイルス感染の被害に対して、損害補償の形でリスクを他社などに移す。

❹ 受容：リスクを受け入れる

リスクの発生を認め、何もしないのが「受容」策です。リスクの影響力が小さいため、特にリスクを低減するための対策を立てず、許容範囲内としてリスクを容認します。

例 新人が契約で失敗してしまったが、反省し次に生かす。

業務には、さまざまなリスクが付き物です。具体的には、うっかり担当利用者の要介護認定の更新手続きを忘れてしまった、依頼されたショートステイの予約が取れなかったことを家族に伝え忘れ、旅行のキャンセル料が発生した、ケアプランに主治医意見書の特記事項として書かれていた注意点が反映されずに入院した、第三者に個人情報を漏洩させたなど、さまざまな報告がされています。

また、関係法令には利用者保護を図る内容が多く含まれています。現在、表面上は利用者が良い状態でも、状態が急に悪化したり、事故に遭うなどの事態が発生してしまうかもしれません。基準省令には事業者に損害賠償義務が定められており、事実上損害保険の加入などが義務づけられています。しかし、例えば、そのことも知らずに放置していれば、ある時突然事業所が対応できないほどの損害賠償請求が行われて、閉鎖となってしまうことにもなりかねません。

なお、直接事故等に関連していなくても、施設や介護サービス事業所で利用者が事故に遭い、裁判等係争案件となった場合に証拠書類として介護支援専門員のケアプランの提出が求められ、必要な対応を怠った、対応が不十分だったなどの文言が判例に記載されることも増えてき

ました。

③ 福祉サービスにおけるリスクマネジメントの基本的な視点

　厚生労働省は2002（平成14）年に、「福祉サービスにおける危機管理（リスクマネジメント）に関する取り組み指針」をまとめています。これはあくまでも福祉サービスに関するものですが、ケアプランを作成するうえで介護支援専門員にも参考になります。

❶ 経営者のリーダーシップの決意の重要性

　リスクマネジメントの取り組みを進めるにあたっては、まず、法人経営者や施設長等その管理者自身の強い決意が必要です。リスクマネジメントを「サービスの質の向上」を目指す取り組みにつなげるには、経営者自身がサービスの質の現状を十分に理解したうえで、「よりよいサービスを目指す」決意を強くもつことが必要となります。

❷ 組織風土の改善

　リスクマネジメントの取り組みを進めるにあたって大切なことは、職員一人ひとりが「安全」だと認識していることと、何かあれば気軽に互いに意見を出し合える「何でもものが言えるような雰囲気」「風通しのよい組織」であることが重要です。

❸ コミュニケーションの重要性

　利用者に対して適切な福祉サービスを良好な関係のもとに提供するにあたっては、良好な「コミュニケーション」を確保することが非常に大切です。「コミュニケーション」の概念は広く抽象的ですが、特にリスクマネジメントの概念から、①利用者、家族等とのコミュニケーション、②職員同士のコミュニケーションが重要になります。

　日頃から利用者や家族、職員と情報の共有や、日常的な情報交換、効果的なコミュニケーションに意識して取り組むことで、トラブル防止や事故の防止につながることはもとより、利用者や家族、職員が満足して利用できるサービスへとつながっていくことが期待できます。

　介護支援専門員は、医療関係職種と同様、「有事のときにこそ継続が求められる職種」、つまりエッセンシャルワーカー（生活に必要不可欠な職種）といえます。介護を必要とする利用者の命を預かっているという意識を高くもち、居宅介護支援事業所の管理者は、感染症や災害から利用者や職員を守るためにも業務継続計画（BCP）の策定、研修、訓練を実施し、必要な介護サービスが継続できる体制を構築することが求められています。

　リスクマネジメントに関連するセミナーや書籍も多く用意されています。機会をつくって、これらも参考にして日頃からリスクマネジメントを意識づけるようにしましょう。

第 4 節 事業所の管理・運営にかかわる法令

1 高齢者虐待防止法

高齢者虐待防止法では、「高齢者」を65歳以上の者と定義しています。

ただし、65歳未満で、養介護施設に入所（利用）している、または養介護事業にかかるサービスの提供を受ける障害者については、「高齢者」とみなして養介護施設従事者等による虐待に関する規定が適用されます。

また、高齢者虐待を、①養護者による高齢者虐待、②養介護施設従事者等による高齢者虐待に分けて次のように定義しています（**表6-4**、**表6-5**）。

なお、高齢者虐待防止法では、高齢者虐待をこのように定義していますが、これらは、広い意味での高齢者虐待を「高齢者が他者からの不適切な扱いにより権利利益を侵害される状態や生命、健康、生活が損なわれるような状態に置かれること」ととらえたうえで、その対象を規定したものということができます。

このほか、地域支援事業（包括的支援事業）の権利擁護業務において、高齢者虐待への対応が位置づけられています。

❶ 養護者による高齢者虐待

養護者とは、「高齢者を現に養護する者であって養介護施設従事者等以外のもの」とされており、高齢者の世話をしている家族、親族、同居人等が該当すると考えられます。養護者による高齢者虐待とは、養護者が養護する高齢者に対して行う**表6-4**の行為とされています。

表6-4　養護者による高齢者虐待

身体的虐待 　高齢者の身体に外傷が生じ、または生じるおそれのある暴力を加えること **介護・世話の放棄・放任** 　高齢者を衰弱させるような著しい減食、長時間の放置、養護者以外の同居人による虐待行為の放置など、養護を著しく怠ること **心理的虐待** 　高齢者に対する著しい暴言または著しく拒絶的な対応その他の高齢者に著しい心理的外傷を与える言動を行うこと **性的虐待** 　高齢者にわいせつな行為をすることまたは高齢者をしてわいせつな行為をさせること **経済的虐待** 　養護者または高齢者の親族が当該高齢者の財産を不当に処分することその他当該高齢者から不当に財産上の利益を得ること

❷ 養介護施設従事者等による高齢者虐待

老人福祉法および介護保険法に規定する「養介護施設」または「養介護事業」の業務に従事する職員が行う、①身体的虐待、②介護・世話の放棄・放任、③心理的虐待、④性的虐待、⑤経済的虐待とされています（**表6-5**）。

「養介護施設」または「養介護事業」に該当する施設・事業は**表6-6**のとおりです[3]。

表6-5　養介護施設従事者等による高齢者虐待

身体的虐待
　高齢者の身体に外傷が生じ、または生じるおそれのある暴行を加えること
介護・世話の放棄・放任
　高齢者を衰弱させるような著しい減食または長時間の放置その他の高齢者を養護すべき職務上の義務を著しく怠ること
心理的虐待
　高齢者に対する著しい暴言または著しく拒絶的な対応その他の高齢者に著しい心理的外傷を与える言動を行うこと
性的虐待
　高齢者にわいせつな行為をすることまたは高齢者をしてわいせつな行為をさせること
経済的虐待
　高齢者の財産を不当に処分することその他当該高齢者から不当に財産上の利益を得ること

表6-6　高齢者虐待防止法に定める「養介護施設従事者等」の範囲

	養介護施設	養介護事業	養介護施設従事者等
老人福祉法による規定	・老人福祉施設 ・有料老人ホーム	・老人居宅生活支援事業	「養介護施設」又は「養介護事業」の業務に従事する者（※）
介護保険法による規定	・介護老人福祉施設 ・介護老人保健施設 ・介護療養型医療施設 ・介護医療院 ・地域密着型介護老人福祉施設 ・地域包括支援センター	・居宅サービス事業 ・地域密着型サービス事業 ・居宅介護支援事業 ・介護予防サービス事業 ・地域密着型介護予防サービス事業 ・介護予防支援事業	

（※）業務に従事する者とは、直接介護サービスを提供しない者（施設長、事務職員等）や、介護職以外で直接高齢者に関わる他の職種も含みます（高齢者虐待防止法第2条）。

出典：厚生労働省老健局「市町村・都道府県における高齢者虐待への対応と養護者支援について」2018年、p.3

3）　養介護施設、養介護事業における高齢者虐待への対応
　　「養介護施設従事者等による虐待」の対象となる施設、事業は限定列挙となっています。そのため、表に該当しない施設等については、高齢者虐待防止法上の「養介護施設従事者等による虐待」の規定は適用されません（有料老人ホームの要件を満たさないサービス付き高齢者向け住宅等）。ただし、提供しているサービス等に鑑み、「高齢者を現に養護する者」による虐待と考えられる場合は、「養護者による高齢者虐待」として対応していくことになります。

② 道路交通法

　乗車定員11人以上の自動車を1台以上、または乗車定員10人以下の自動車を5台以上使用している事業所では、安全運転管理者の選任が必要です。

　安全運転管理者には、運転者の酒気帯びの有無（アルコールチェック）を目視で確認することが義務づけられ、今後目視に加えてアルコール検知器による酒気帯び確認も義務づけられる予定です。

　介護支援専門員は自宅訪問や介護サービス事業所訪問等で自動車や自動二輪車、自転車を使用する多くの機会があります。最新の道路交通法もしっかりと把握し、違反運転をしないように日頃から気をつけておく必要があります。

③ 個人情報保護法

　介護現場においても従来の紙媒体での情報のやり取りが抜本的に見直され、ICTを介護現場のインフラとして導入していく動きが求められています。介護分野のICT化は、介護職員が行政に提出する文書等の作成に要する時間を効率化し、介護サービスの提供に集中するためにも重要であるといえます。

　介護支援専門員の研修もICTの導入により、オンライン化が進み、全国どこにいても研修の受講が可能になってきています。また、2021（令和3）年度介護報酬改定においても、ICT導入等をする居宅介護支援事業所への介護支援専門員1人あたりの担当上限を45件に引き上げる見直しが行われました。サービス担当者会議においても利用者、家族の同意を得ることでテレビ電話会議等での開催が認められるようになりました。

　介護人材の不足などから、ますます介護現場におけるICT化は進んでいくと思われます。便利になる反面、個人情報の保護に関する法律（個人情報保護法）をふまえた、個人情報の保護も求められています。

　介護保険法をはじめ、法律・制度はその時々のニーズに合わせて、随時変更や見直しがされていきます。

　制度や運営基準・人員配置基準が変わったのに、「知らなかった」では通りません。そのまま事業所運営を続けていると運営基準違反による返戻はもちろんのこと、利用者や職員を守れなくなり、結果として事業所経営が成り立たなくなる可能性も高くなります。管理者として、最新の介護保険制度・介護報酬の内容を熟知し、適切な事業所運営を行っていくことが重要です。

「指定居宅介護支援等の事業の人員及び運営に関する基準」及び「指定居宅介護支援等の事業の人員及び運営に関する基準について」

◎指定居宅介護支援等の事業の人員及び運営に関する基準（平成11年3月31日厚生省令第38号） 注　令和3年1月25日厚生労働省令第9号改正現在	○指定居宅介護支援等の事業の人員及び運営に関する基準について（平成11年7月29日老企第22号） 注　令和3年4月22日老高発0422第1号・老認発0422第1号・老老発0422第1号改正現在

<table>
<tr><td>

第1章　趣旨及び基本方針

（趣旨）

第1条　基準該当居宅介護支援（介護保険法（平成9年法律第123号。以下「法」という。）第47条第1項第1号に規定する基準該当居宅介護支援をいう。以下同じ。）の事業に係る法第47条第2項の厚生労働省令で定める基準及び指定居宅介護支援（法第46条第1項に規定する指定居宅介護支援をいう。以下同じ。）の事業に係る法第81条第3項の厚生労働省令で定める基準は、次の各号に掲げる基準に応じ、それぞれ当該各号に定める基準とする。

　一　法第47条第1項第1号の規定により、同条第2項第1号に掲げる事項について市町村（特別区を含む。以下同じ。）が条例を定めるに当たって従うべき基準　第2条（第30条において準用する場合に限る。）及び第3条（第30条において準用する場合に限る。）の規定による基準

　二　法第47条第1項第1号の規定により、同条第2項第2号に掲げる事項について市町村が条例を定めるに当たって従うべき基準　第4条第1項及び第2項（第30条において準用する場合に限る。）、第5条（第30条において準用する場合に限る。）、第13条第1項第7号、第9号から第11号まで、第14号、第16号、第18号の2、第18号の3及び第26号（第30条において準用する場合に限

</td><td>

介護保険法（平成9年法律第123号）第47条第1項第1号並びに第81条第1項及び第2項の規定に基づく「指定居宅介護支援等の事業の人員及び運営に関する基準」（以下「基準」という。）については、平成11年3月31日厚生省令第38号をもって公布され、平成12年4月1日より施行されるところであるが、基準の趣旨及び内容は下記のとおりであるので、御了知の上、管下市町村、関係団体、関係機関等にその周知徹底を図るとともに、その運用に遺憾のないようにされたい。

記

第一　基準の性格

1　基準は、指定居宅介護支援の事業及び基準該当居宅介護支援の事業がその目的を達成するために必要な最低限度の基準を定めたものであり、指定居宅介護支援事業者及び基準該当居宅介護支援事業者は、基準を充足することで足りるとすることなく常にその事業の運営の向上に努めなければならないものである。

2　指定居宅介護支援の事業を行う者又は行おうとする者が満たすべき基準等を満たさない場合には、指定居宅介護支援事業者の指定又は更新は受けられず、また、基準に違反することが明らかになった場合には、①相当の期限を定めて基準を遵守する勧告を行い、②相当の期限内に勧告に従わなかったときは、事業者名、勧告に至った経緯、当該勧告に対する対応等を公表し、③正当な理由が無く、当該勧告に係る措置をとらなかったときは、相当の期限を定めて当該勧告に係る措置をとるよう命令することができるものであること。ただし、③の命令をした場合には事業者名、命令に至った経緯等を公表しなければならない。なお、③の命令に従わない場合には、当該指定を取り消すこと、又は取り消しを行う前に相当の期間を定めて指定の全部若しくは一部の効力を停止すること（不適正なサービスが行われていることが判明した場合、当該サービスに関する介護報酬の請求を停止させる）ができる。

　ただし、次に掲げる場合には、基準に従った適正な運営ができなくなったものとして、指定の全部若しくは一部の停止

</td></tr>
</table>

る。）、第19条の2（第30条において準用する場合に限る。）、第21条の2（第30条において準用する場合に限る。）、第23条（第30条において準用する場合に限る。）、第27条（第30条において準用する場合に限る。）並びに第27条の2（第30条において準用する場合に限る。）の規定による基準

三　法第81条第1項の規定により、同条第3項第1号に掲げる事項について市町村が条例を定めるに当たって従うべき基準　第2条及び第3条の規定による基準

四　法第81条第2項の規定により、同条第3項第2号に掲げる事項について市町村が条例を定めるに当たって従うべき基準　第4条第1項及び第2項、第5条、第13条第1項第7号、第9号から第11号まで、第14号、第16号、第18号の2、第18号の3及び第26号、第19条の2、第21条の2、第23条、第27条並びに第27条の2の規定による基準

五　法第47条第1項第1号又は第81条第1項若しくは第2項の規定により、法第47条第2項第1号及び第2号並びに第81条第3項第1号及び第2号に掲げる事項以外の事項について、市町村が条例を定めるに当たって参酌すべき基準　この省令で定める基準のうち、前各号に定める基準以外のもの

（基本方針）

第1条の2　指定居宅介護支援の事業は、要介護状態となった場合においても、その利用者が可能な限りその居宅において、その有する能力に応じ自立した日常生活を営むことができるように配慮して行われるものでなければならない。

2　指定居宅介護支援の事業は、利用者の心身の状況、その置かれている環境等に応じて、利用者の選択に基づき、適切な保健医療サービス及び福祉サービスが、多様な事業者から、総合的かつ効率的に提供されるよう配慮して行われるものでなければならない。

3　指定居宅介護支援事業者（法第46条第1項に規定する指定居宅介護支援事業者をいう。以下同じ。）は、指定居宅介護支援の提供に当たっては、利用者の意思及び人格を尊重し、常に利用者の立場に立って、利用者に提供される指定居宅サービス等（法第8条第24項に規定する指定居宅サービス等をいう。以下同じ。）が特定の種類又は特定の指定居宅サービ

又は直ちに取り消すことができるものであること。

① 指定居宅介護支援事業者及びその従業者が、居宅サービス計画の作成又は変更に関し、利用者に対して特定の居宅サービス事業者等によるサービスを利用させることの対価として、当該居宅サービス事業者等から金品その他の財産上の利益を収受したときその他の自己の利益を図るために基準に違反したとき

② 利用者の生命又は身体の安全に危害を及ぼすおそれがあるとき

③ その他①及び②に準ずる重大かつ明白な基準違反があったとき

3　運営に関する基準に従って事業の運営をすることができなくなったことを理由として指定が取り消され、法に定める期間の経過後に再度当該事業者から指定の申請がなされた場合には、当該事業者が運営に関する基準を遵守することを確保することに特段の注意が必要であり、その改善状況等が十分に確認されない限り指定を行わないものとする。

4　特に、指定居宅介護支援の事業においては、基準に合致することを前提に自由に事業への参入を認めていること等に鑑み、基準違反に対しては、厳正に対応すべきであること。

第二　指定居宅介護支援等の事業の人員及び運営に関する基準

1　基本方針

介護保険制度においては、要介護者である利用者に対し、個々の解決すべき課題、その心身の状況や置かれている環境等に応じて保健・医療・福祉にわたる指定居宅サービス等が、多様なサービス提供主体により総合的かつ効率的に提供されるよう、居宅介護支援を保険給付の対象として位置づけたものであり、その重要性に鑑み、保険給付率についても特に10割としているところである。

基準第1条の2第1項は、「在宅介護の重視」という介護保険制度の基本理念を実現するため、指定居宅介護支援の事業を行うに当たってのもっとも重要な基本方針として、利用者からの相談、依頼があった場合には、利用者自身の立場に立ち、常にまず、その居宅において日常生活を営むことができるように支援することができるかどうかという視点から検討を行い支援を行うべきことを定めたものである。

このほか、指定居宅介護支援の事業の基本方針として、介護保険制度の基本理念である、高齢者自身によるサービスの選択、保健・医療・福祉サービスの総合的、効率的な提供、利用者本位、公正中立等を掲げている。介護保険の基本理念

ス事業者（法第41条第1項に規定する指定居宅サービス事業者をいう。以下同じ。）等に不当に偏することのないよう、公正中立に行われなければならない。

4　指定居宅介護支援事業者は、事業の運営に当たっては、市町村、法第115条の46第1項に規定する地域包括支援センター、老人福祉法（昭和38年法律第133号）第20条の7の2に規定する老人介護支援センター、他の指定居宅介護支援事業者、指定介護予防支援事業者（法第58条第1項に規定する指定介護予防支援事業者をいう。以下同じ。）、介護保険施設、障害者の日常生活及び社会生活を総合的に支援するための法律（平成17年法律第123号）第51条の17第1項第1号に規定する指定特定相談支援事業者等との連携に努めなければならない。

5　指定居宅介護支援事業者は、利用者の人権の擁護、虐待の防止等のため、必要な体制の整備を行うとともに、その従業者に対し、研修を実施する等の措置を講じなければならない。

6　指定居宅介護支援事業者は、指定居宅介護支援を提供するに当たっては、法第118条の2第1項に規定する介護保険等関連情報その他必要な情報を活用し、適切かつ有効に行うよう努めなければならない。

第2章　人員に関する基準

（従業者の員数）

第2条　指定居宅介護支援事業者は、当該指定に係る事業所（以下「指定居宅介護支援事業所」という。）ごとに1以上の員数の指定居宅介護支援の提供に当たる介護支援専門員であって常勤であるものを置かなければならない。

2　前項に規定する員数の基準は、利用者の数が35又はその端数を増すごとに1とする。

を実現する上で、指定居宅介護支援事業者が極めて重要な役割を果たすことを求めたものであり、指定居宅介護支援事業者は、常にこの基本方針を踏まえた事業運営を図らなければならない。

2　人員に関する基準

指定居宅介護支援事業者は、指定居宅介護支援事業所に介護支援専門員を配置しなければならないが、利用者の自立の支援及び生活の質の向上を図るための居宅介護支援の能力を十分に有する者を充てるよう心がける必要がある。

また、基準第2条及び第3条に係る運用に当たっては、次の点に留意する必要がある。

⑴　介護支援専門員の員数

介護支援専門員は、指定居宅介護支援事業所ごとに必ず1人以上を常勤で置くこととされており、常勤の考え方は⑶の①のとおりである。常勤の介護支援専門員を置くべきこととしたのは、指定居宅介護支援事業所の営業時間中は、介護支援専門員は常に利用者からの相談等に対応できる体制を整えている必要があるという趣旨であり、介護支援専門員がその業務上の必要性から、又は他の業務を兼ねていることから、当該事業所に不在となる場合であっても、管理者、その他の従業者等を通じ、利用者が適切に介護支援専門員に連絡が取れる体制としておく必要がある。

なお、介護支援専門員については、他の業務との兼務を認められているところであるが、これは、居宅介護支援の事業が、指定居宅サービス等の実態を知悉する者により併

せて行われることが効果的であるとされる場合もあることに配慮したものである。

また、当該常勤の介護支援専門員の配置は利用者の数35人に対して1人を基準とするものであり、利用者の数が35人又はその端数を増すごとに増員することが望ましい。ただし、当該増員に係る介護支援専門員については非常勤とすることを妨げるものではない。

また、当該非常勤の介護支援専門員に係る他の業務との兼務については、介護保険施設に置かれた常勤専従の介護支援専門員との兼務を除き、差し支えないものであり、当該他の業務とは必ずしも指定居宅サービス事業の業務を指すものではない。

(管理者)

第3条 指定居宅介護支援事業者は、指定居宅介護支援事業所ごとに常勤の管理者を置かなければならない。

2 前項に規定する管理者は、介護保険法施行規則（平成11年厚生省令第36号）第140条の66第1号イ(3)に規定する主任介護支援専門員（以下この項において「主任介護支援専門員」という。）でなければならない。ただし、主任介護支援専門員の確保が著しく困難である等やむを得ない理由がある場合については、介護支援専門員（主任介護支援専門員を除く。）を前項に規定する管理者とすることができる。

3 第1項に規定する管理者は、専らその職務に従事する者でなければならない。ただし、次に掲げる場合は、この限りでない。

一 管理者がその管理する指定居宅介護支援事業所の介護支援専門員の職務に従事する場合

二 管理者が同一敷地内にある他の事業所の職務に従事する場合（その管理する指定居宅介護支援事業所の管理に支障がない場合に限る。）

(2) 管理者

指定居宅介護支援事業所に置くべき管理者は、主任介護支援専門員であって、専ら管理者の職務に従事する常勤の者でなければならないが、当該指定居宅介護支援事業所の介護支援専門員の職務に従事する場合及び管理者が同一敷地内にある他の事業所の職務に従事する場合（その管理する指定居宅介護支援事業所の管理に支障がない場合に限る。）は必ずしも専ら管理者の職務に従事する常勤の者でなくても差し支えないこととされている。この場合、同一敷地内にある他の事業所とは、必ずしも指定居宅サービス事業を行う事業所に限るものではなく、例えば、介護保険施設、病院、診療所、薬局等の業務に従事する場合も、当該指定居宅介護支援事業所の管理に支障がない限り認められるものである。

指定居宅介護支援事業所の管理者は、指定居宅介護支援事業所の営業時間中は、常に利用者からの利用申込等に対応できる体制を整えている必要があるものであり、管理者が介護支援専門員を兼務していて、その業務上の必要性から当該事業所に不在となる場合であっても、その他の従業者等を通じ、利用者が適切に管理者に連絡が取れる体制としておく必要がある。

また、例えば、訪問系サービスの事業所において訪問サービスそのものに従事する従業者との兼務は一般的には管理者の業務に支障があると考えられるが、訪問サービスに従事する勤務時間が限られている職員の場合には、支障がないと認められる場合もありうる。また、併設する事業所に原則として常駐する老人介護支援センターの職員、訪問介護、訪問看護等の管理者等との兼務は可能と考えられる。なお、介護保険施設の常勤専従の介護支援専門員との兼務は認められないものである。

なお、令和9年3月31日までの間は、令和3年3月31日時点で主任介護支援専門員でない者が管理者である居宅介

護支援事業所については、当該管理者が管理者である限り、管理者を主任介護支援専門員とする要件の適用を猶予することとしているが、指定居宅介護支援事業所における業務管理や人材育成の取組を促進する観点から、経過措置期間の終了を待たず、管理者として主任介護支援専門員を配置することが望ましい。

(3) 用語の定義

「常勤」及び「専らその職務に従事する」の定義はそれぞれ次のとおりである。

① 「常勤」

当該事業所における勤務時間（当該事業所において、指定居宅介護支援以外の事業を行っている場合には、当該事業に従事している時間を含む。）が、当該事業所において定められている常勤の従業者が勤務すべき時間数（週32時間を下回る場合は週32時間を基本とする。）に達していることをいうものである。ただし、雇用の分野における男女の均等な機会及び待遇の確保等に関する法律（昭和47年法律第113号）第13条第１項に規定する措置（以下「母性健康管理措置」という。）又は育児休業、介護休業等育児又は家族介護を行う労働者の福祉に関する法律（平成３年法律第76号。以下「育児・介護休業法」という。）第23条第１項、同条第３項又は同法第24条に規定する所定労働時間の短縮等の措置（以下「育児及び介護のための所定労働時間の短縮等の措置」という。）が講じられている者については、利用者の処遇に支障がない体制が事業所として整っている場合は、例外的に常勤の従業者が勤務すべき時間数を30時間として取り扱うことを可能とする。

同一の事業者によって当該事業所に併設される事業所の職務であって、当該事業所の職務と同時並行的に行われることが差し支えないと考えられるものについては、その勤務時間が常勤の従業者が勤務すべき時間数に達していれば、常勤の要件を満たすものであることとする。例えば、同一の事業者によって指定訪問介護事業所が併設されている場合、指定訪問介護事業所の管理者と指定居宅介護支援事業所の管理者を兼務している者は、その勤務時間が所定の時間に達していれば、常勤要件を満たすこととなる。

また、人員基準において常勤要件が設けられている場合、従事者が労働基準法（昭和22年法律第49号）第65条に規定する休業（以下「産前産後休業」という。）、母性健康管理措置、育児・介護休業法第２条第１号に規定する育児休業（以下「育児休業」という。）、同条第２号に規定する介護休業（以下「介護休業」という。）、同法第23条第２項の育児休業に関する制度に準ずる措置又は

153

同法第24条第1項（第2号に係る部分に限る。）の規定により同項第2号に規定する育児休業に関する制度に準じて講ずる措置による休業（以下「育児休業に準ずる休業」という。）を取得中の期間において、当該人員基準において求められる資質を有する複数の非常勤の従業者を常勤の従業者の員数に換算することにより、人員基準を満たすことが可能であることとする。

② 「専らその職務に従事する」

原則として、サービス提供時間帯を通じて当該サービス以外の職務に従事しないことをいうものである。

③ 「事業所」

事業所とは、介護支援専門員が居宅介護支援を行う本拠であり、具体的には管理者がサービスの利用申込の調整等を行い、居宅介護支援に必要な利用者ごとに作成する帳簿類を保管し、利用者との面接相談に必要な設備及び備品を備える場所である。

第3章 運営に関する基準

3 運営に関する基準

(1) 介護保険等関連情報の活用とPDCAサイクルの推進について

基準第1条の2第6項は、指定居宅介護支援を行うに当たっては、介護保険法第118条の2第1項に規定する介護保険等関連情報等を活用し、事業所単位でPDCAサイクルを構築・推進することにより、提供するサービスの質の向上に努めなければならないこととしたものである。

（内容及び手続の説明及び同意）

第4条 指定居宅介護支援事業者は、指定居宅介護支援の提供の開始に際し、あらかじめ、利用申込者又はその家族に対し、第18条に規定する運営規程の概要その他の利用申込者のサービスの選択に資すると認められる重要事項を記した文書を交付して説明を行い、当該提供の開始について利用申込者の同意を得なければならない。

2 指定居宅介護支援事業者は、指定居宅介護支援の提供の開始に際し、あらかじめ、居宅サービス計画が第1条の2に規定する基本方針及び利用者の希望に基づき作成されるものであり、利用者は複数の指定居宅サービス事業者等を紹介するよう求めることができること、前6月間に当該指定居宅介護支援事業所において作成された居宅サービス計画の総数のうちに訪問介護、通所介護、福祉用具貸与及び地域密着型通所介護（以下この項において「訪問介護等」という。）がそれぞれ位置付けられた居宅サービス計画の数が占める割合、前6月間に当該指定居宅

(2) 内容及び手続きの説明及び同意

基準第4条は、基本理念としての高齢者自身によるサービス選択を具体化したものである。利用者は指定居宅サービスのみならず、指定居宅介護支援事業者についても自由に選択できることが基本であり、指定居宅介護支援事業者は、利用申込があった場合には、あらかじめ、当該利用申込者又はその家族に対し、当該指定居宅介護支援事業所の運営規程の概要、介護支援専門員の勤務の体制、秘密の保持、事故発生時の対応、苦情処理の体制等の利用申込者がサービスを選択するために必要な重要事項を説明書やパンフレット等の文書を交付して説明を行い、当該指定居宅介護支援事業所から居宅介護支援を受けることにつき同意を得なければならないこととしたものである。なお、当該同意については、利用者及び指定居宅介護支援事業者双方の保護の立場から書面によって確認することが望ましいものである。

また、指定居宅介護支援は、利用者の意思及び人格を尊重し、常に利用者の立場に立って行われるものであり、居宅サービス計画は基準第1条の2の基本方針及び利用者

介護支援事業所において作成された居宅サービス計画に位置付けられた訪問介護等ごとの回数のうちに同一の指定居宅サービス事業者又は指定地域密着型サービス事業者によって提供されたものが占める割合等につき説明を行い、理解を得なければならない。

3　指定居宅介護支援事業者は、指定居宅介護支援の提供の開始に際し、あらかじめ、利用者又はその家族に対し、利用者について、病院又は診療所に入院する必要が生じた場合には、当該利用者に係る介護支援専門員の氏名及び連絡先を当該病院又は診療所に伝えるよう求めなければならない。

4　指定居宅介護支援事業者は、利用申込者又はその家族からの申出があった場合には、第1項の規定による文書の交付に代えて、第7項で定めるところにより、当該利用申込者又はその家族の承諾を得て、当該文書に記すべき重要事項を電子情報処理組織を使用する方法その他の情報通信の技術を利用する方法であって次に掲げるもの(以下この条において「電磁的方法」という。)により提供することができる。この場合において、当該指定居宅介護支援事業者は、当該文書を交付したものとみなす。

一　電子情報処理組織を使用する方法のうちイ又はロに掲げるもの

イ　指定居宅介護支援事業者の使用に係る電子計算機と利用申込者又はその家族の使用に係る電子計算機とを接続する電気通信回線を通じて送信し、受信者の使用に係る電子計算機に備えられたファイルに記録する方法

ロ　指定居宅介護支援事業者の使用に係る電子計算機に備えられたファイルに記録された第1項に規定する重要事項を電気通信回線を通じて利用申込者又はその家族の閲覧に供し、当該利用申込者又はその家族の使用に係る電子計算機に備えられたファイルに当該重要事項を記録する方法(電磁的方法による提供を受ける旨の承諾又は受けない旨の申出をする場合にあっては、指定居宅介護支援事業者の使用に係る電子計算機に備えられたファイルにその旨を記録する方法)

二　磁気ディスク、シー・ディー・ロムその他これらに準ずる方法により一定の事項を確実に記録しておくことができる物をもって調製するファイルに第1項に規定する重要事項を記録したものを交付する方法

5　前項に掲げる方法は、利用申込者又はその家族が

の希望に基づき作成されるものである。このため、指定居宅介護支援について利用者の主体的な参加が重要であり、居宅サービス計画の作成にあたって利用者から介護支援専門員に対して複数の指定居宅サービス事業者等の紹介を求めることや、居宅サービス計画原案に位置付けた指定居宅サービス事業者等の選定理由の説明を求めることが可能であること等につき十分説明を行わなければならない。なお、この内容を利用申込者又はその家族に説明を行うに当たっては、理解が得られるよう、文書の交付に加えて口頭での説明を懇切丁寧に行うとともに、それを理解したことについて必ず利用申込者から署名を得なければならない。

また、基準第1条の2の基本方針に基づき、指定居宅介護支援の提供にあたっては、利用者の意思及び人格を尊重し、常に利用者の立場に立って、利用者に提供される指定居宅サービス等が特定の種類又は特定の指定居宅サービス事業者等に不当に偏することのないよう、公正中立に行わなければならないこと等を踏まえ、前6月間に当該指定居宅介護支援事業所において作成された居宅サービス計画の総数のうちに訪問介護、通所介護、福祉用具貸与及び地域密着型通所介護(以下この(2)において「訪問介護等」という。)がそれぞれ位置付けられた居宅サービス計画の数が占める割合、前6月間に当該指定居宅介護支援事業所において作成された居宅サービス計画に位置付けられた訪問介護等ごとの回数のうちに同一の指定居宅サービス事業者又は指定地域密着型サービス事業者によって提供されたものが占める割合(上位3位まで)等につき十分説明を行わなければならない。

なお、この内容を利用者又はその家族に説明を行うに当たっては、理解が得られるよう、文書の交付に加えて口頭での説明を懇切丁寧に行うとともに、それを理解したことについて必ず利用者から署名を得なければならない。

また、前6月間については、毎年度2回、次の期間における当該事業所において作成された居宅サービス計画を対象とする。

① 前期(3月1日から8月末日)

② 後期(9月1日から2月末日)

なお、説明については、指定居宅介護支援の提供の開始に際し行うものとするが、その際に用いる当該割合等については、直近の①若しくは②の期間のものとする。

また、利用者が病院又は診療所に入院する場合には、利用者の居宅における日常生活上の能力や利用していた指定居宅サービス等の情報を入院先医療機関と共有することで、医療機関における利用者の退院支援に資するとともに、退院後の円滑な在宅生活への移行を支援することにもつながる。基準第4条第3項は、指定居宅介護支援事業者

ファイルへの記録を出力することによる文書を作成することができるものでなければならない。

6　第4項第1号の「電子情報処理組織」とは、指定居宅介護支援事業者の使用に係る電子計算機と、利用申込者又はその家族の使用に係る電子計算機とを電気通信回線で接続した電子情報処理組織をいう。

7　指定居宅介護支援事業者は、第4項の規定により第1項に規定する重要事項を提供しようとするときは、あらかじめ、当該利用申込者又はその家族に対し、その用いる次に掲げる電磁的方法の種類及び内容を示し、文書又は電磁的方法による承諾を得なければならない。

一　第4項各号に規定する方法のうち指定居宅介護支援事業者が使用するもの

二　ファイルへの記録の方式

8　前項の規定による承諾を得た指定居宅介護支援事業者は、当該利用申込者又はその家族から文書又は電磁的方法により電磁的方法による提供を受けない旨の申出があったときは、当該利用申込者又はその家族に対し、第1項に規定する重要事項の提供を電磁的方法によってしてはならない。ただし、当該利用申込者又はその家族が再び前項の規定による承諾をした場合は、この限りでない。

（提供拒否の禁止）

第5条　指定居宅介護支援事業者は、正当な理由なく指定居宅介護支援の提供を拒んではならない。

（サービス提供困難時の対応）

第6条　指定居宅介護支援事業者は、当該事業所の通常の事業の実施地域（当該指定居宅介護支援事業所が通常時に指定居宅介護支援を提供する地域をいう。以下同じ。）等を勘案し、利用申込者に対し自ら適切な指定居宅介護支援を提供することが困難であると認めた場合は、他の指定居宅介護支援事業者の紹介その他の必要な措置を講じなければならない。

と入院先医療機関との早期からの連携を促進する観点から、利用者が病院又は診療所に入院する必要が生じた場合には担当の介護支援専門員の氏名及び連絡先を当該病院又は診療所に伝えるよう、利用者又はその家族に対し事前に協力を求める必要があることを規定するものである。なお、より実効性を高めるため、日頃から介護支援専門員の連絡先等を介護保険被保険者証や健康保険被保険者証、お薬手帳等と合わせて保管することを依頼しておくことが望ましい。

(3)　提供拒否の禁止

　　基準第5条は、居宅介護支援の公共性に鑑み、原則として、指定居宅介護支援の利用申込に対しては、これに応じなければならないことを規定したものであり、正当な理由なくサービスの提供を拒否することを禁止するものである。

　　なお、ここでいう正当な理由とは、①当該事業所の現員からは利用申込に応じきれない場合、②利用申込者の居住地が当該事業所の通常の事業の実施地域外である場合、③利用申込者が他の指定居宅介護支援事業者にも併せて指定居宅介護支援の依頼を行っていることが明らかな場合等である。

（受給資格等の確認）

第7条　指定居宅介護支援事業者は、指定居宅介護支援の提供を求められた場合には、その者の提示する被保険者証によって、被保険者資格、要介護認定の有無及び要介護認定の有効期間を確かめるものとする。

（要介護認定の申請に係る援助）

第8条　指定居宅介護支援事業者は、被保険者の要介護認定に係る申請について、利用申込者の意思を踏まえ、必要な協力を行わなければならない。

2　指定居宅介護支援事業者は、指定居宅介護支援の提供の開始に際し、要介護認定を受けていない利用申込者については、要介護認定の申請が既に行われているかどうかを確認し、申請が行われていない場合は、当該利用申込者の意思を踏まえて速やかに当該申請が行われるよう必要な援助を行わなければならない。

3　指定居宅介護支援事業者は、要介護認定の更新の申請が、遅くとも当該利用者が受けている要介護認定の有効期間の満了日の30日前には行われるよう、必要な援助を行わなければならない。

（身分を証する書類の携行）

第9条　指定居宅介護支援事業者は、当該指定居宅介護支援事業所の介護支援専門員に身分を証する書類を携行させ、初回訪問時及び利用者又はその家族から求められたときは、これを提示すべき旨を指導しなければならない。

（利用料等の受領）

第10条　指定居宅介護支援事業者は、指定居宅介護支援（法第46条第4項の規定に基づき居宅介護サービス計画費（法第46条第2項に規定する居宅介護サービス計画費をいう。以下同じ。）が当該指定居宅介護支援事業者に支払われる場合に係るものを除く。）を提供した際にその利用者から支払を受ける利用料

（4）要介護認定の申請に係る援助

①　基準第8条第1項は、法第27条第1項に基づき、被保険者が居宅介護支援事業者に要介護認定の申請に関する手続きを代わって行わせることができること等を踏まえ、被保険者から要介護認定の申請の代行を依頼された場合等においては、居宅介護支援事業者は必要な協力を行わなければならないものとしたものである。

②　同条第2項は、要介護認定等の申請がなされていれば、要介護認定の効力が申請時に遡ることにより、指定居宅介護支援の利用に係る費用が保険給付の対象となり得ることを踏まえ、指定居宅介護支援事業者は、利用申込者が要介護認定を受けていないことを確認した場合には、要介護認定の申請が既に行われているかどうかを確認し、申請が行われていない場合は、当該利用申込者の意思を踏まえて速やかに当該申請が行われるよう必要な援助を行わなければならないこととしたものである。

③　同条第3項は、要介護認定の有効期間が付されているものであることを踏まえ、指定居宅介護支援事業者は、要介護認定の有効期間を確認した上、要介護認定の更新の申請が、遅くとも当該利用者が受けている要介護認定の有効期間が終了する1月前にはなされるよう、必要な援助を行わなければならないこととしたものである。

（5）身分を証する書類の携行

基準第9条は、利用者が安心して指定居宅介護支援の提供を受けられるよう、指定居宅介護支援事業者が、当該指定居宅介護支援事業所の介護支援専門員に介護支援専門員証を携行させ、初回訪問時及び利用者又はその家族から求められたときは、これを提示すべき旨を指導するべきこととしたものである。

（6）利用料等の受領

①　基準第10条第1項は、利用者間の公平及び利用者の保護の観点から、保険給付がいわゆる償還払いとなる場合と、保険給付が利用者に代わり指定居宅介護支援事業者に支払われる場合（以下「代理受領がなされる場合」という。）の間で、一方の経費が他方へ転嫁等されることがないよう、償還払いの場合の指定居宅介護支援の利用料

（居宅介護サービス計画費の支給の対象となる費用に係る対価をいう。以下同じ。）と、居宅介護サービス計画費の額との間に、不合理な差額が生じないようにしなければならない。

2　指定居宅介護支援事業者は、前項の利用料のほか、利用者の選定により通常の事業の実施地域以外の地域の居宅を訪問して指定居宅介護支援を行う場合には、それに要した交通費の支払を利用者から受けることができる。

3　指定居宅介護支援事業者は、前項に規定する費用の額に係るサービスの提供に当たっては、あらかじめ、利用者又はその家族に対し、当該サービスの内容及び費用について説明を行い、利用者の同意を得なければならない。

（保険給付の請求のための証明書の交付）
第11条　指定居宅介護支援事業者は、提供した指定居宅介護支援について前条第1項の利用料の支払を受けた場合は、当該利用料の額等を記載した指定居宅介護支援提供証明書を利用者に対して交付しなければならない。

（指定居宅介護支援の基本取扱方針）
第12条　指定居宅介護支援は、要介護状態の軽減又は悪化の防止に資するよう行われるとともに、医療サービスとの連携に十分配慮して行われなければならない。
2　指定居宅介護支援事業者は、自らその提供する指定居宅介護支援の質の評価を行い、常にその改善を図らなければならない。

（指定居宅介護支援の具体的取扱方針）
第13条　指定居宅介護支援の方針は、第1条の2に規定する基本方針及び前条に規定する基本取扱方針に基づき、次に掲げるところによるものとする。

　一　指定居宅介護支援事業所の管理者は、介護支援

の額と、居宅介護サービス計画費の額（要するに、代理受領がなされる場合の指定居宅介護支援に係る費用の額）との間に、不合理な差額を設けてはならないこととするとともに、これによって、償還払いの場合であっても原則として利用者負担が生じないこととする趣旨である。
②　同条第2項は、指定居宅介護支援の提供に関して、利用者の選定により通常の事業の実施地域以外の地域の居宅において指定居宅介護支援を行う場合の交通費の支払いを利用者から受けることができることとし、保険給付の対象となっているサービスと明確に区分されないあいまいな名目による費用の支払いを受けることは認めないこととしたものである。
③　同条第3項は、指定居宅介護支援事業者は、前項の交通費の支払いを受けるに当たっては、あらかじめ、利用者又はその家族に対してその額等に関して説明を行い、利用者の同意を得なければならないこととしたものである。

(7)　保険給付の請求のための証明書の交付
　　基準第11条は、居宅介護支援に係る保険給付がいわゆる償還払いとなる場合に、利用者が保険給付の請求を容易に行えるよう、指定居宅介護支援事業者は、利用料の額その他利用者が保険給付を請求する上で必要と認められる事項を記載した指定居宅介護支援提供証明書を利用者に対して交付するべきこととしたものである。

(8)　指定居宅介護支援の基本取扱方針及び具体的取扱方針
　　基準第13条は、利用者の課題分析、サービス担当者会議の開催、居宅サービス計画の作成、居宅サービス計画の実施状況の把握などの居宅介護支援を構成する一連の業務のあり方及び当該業務を行う介護支援専門員の責務を明らかにしたものである。
　　なお、利用者の課題分析（第6号）から担当者に対する個別サービス計画の提出依頼（第12号）に掲げる一連の業務については、基準第1条の2に掲げる基本方針を達成するために必要となる業務を列記したものであり、基本的にはこのプロセスに応じて進めるべきものであるが、緊急的なサービス利用等やむを得ない場合や、効果的・効率的に行うことを前提とするものであれば、業務の順序について拘束するものではない。ただし、その場合にあっても、それぞれ位置付けられた個々の業務は、事後的に可及的速やかに実施し、その結果に基づいて必要に応じて居宅サービス計画を見直すなど、適切に対応しなければならない。
①　介護支援専門員による居宅サービス計画の作成（基準

専門員に居宅サービス計画の作成に関する業務を担当させるものとする。

二　指定居宅介護支援の提供に当たっては、懇切丁寧に行うことを旨とし、利用者又はその家族に対し、サービスの提供方法等について、理解しやすいように説明を行う。

三　介護支援専門員は、居宅サービス計画の作成に当たっては、利用者の自立した日常生活の支援を効果的に行うため、利用者の心身又は家族の状況等に応じ、継続的かつ計画的に指定居宅サービス等の利用が行われるようにしなければならない。

四　介護支援専門員は、居宅サービス計画の作成に当たっては、利用者の日常生活全般を支援する観点から、介護給付等対象サービス（法第24条第2項に規定する介護給付等対象サービスをいう。以下同じ。）以外の保健医療サービス又は福祉サービス、当該地域の住民による自発的な活動によるサービス等の利用も含めて居宅サービス計画上に位置付けるよう努めなければならない。

第13条第1号）

指定居宅介護支援事業所の管理者は、居宅サービス計画の作成に関する業務の主要な過程を介護支援専門員に担当させることとしたものである。

② 指定居宅介護支援の基本的留意点（第2号）

指定居宅介護支援は、利用者及びその家族の主体的な参加及び自らの課題解決に向けての意欲の醸成と相まって行われることが重要である。このためには、指定居宅介護支援について利用者及びその家族の十分な理解が求められるものであり、介護支援専門員は、指定居宅介護支援を懇切丁寧に行うことを旨とし、サービスの提供方法等について理解しやすいように説明を行うことが肝要である。

③ 継続的かつ計画的な指定居宅サービス等の利用（第3号）

利用者の自立した日常生活の支援を効果的に行うためには、利用者の心身又は家族の状態等に応じて、継続的かつ計画的に居宅サービスが提供されることが重要である。介護支援専門員は、居宅サービス計画の作成又は変更に当たり、継続的な支援という観点に立ち、計画的に指定居宅サービス等の提供が行われるようにすることが必要であり、支給限度額の枠があることのみをもって、特定の時期に偏って継続が困難な、また必要性に乏しい居宅サービスの利用を助長するようなことがあってはならない。

④ 総合的な居宅サービス計画の作成（第4号）

居宅サービス計画は、利用者の日常生活全般を支援する観点に立って作成されることが重要である。このため、居宅サービス計画の作成又は変更に当たっては、利用者の希望や課題分析の結果に基づき、介護給付等対象サービス以外の、例えば、市町村保健師等が居宅を訪問して行う指導等の保健サービス、老人介護支援センターにおける相談援助及び市町村が一般施策として行う配食サービス、寝具乾燥サービスや当該地域の住民による見守り、配食、会食などの自発的な活動によるサービス等、更には、こうしたサービスと併せて提供される精神科訪問看護等の医療サービス、はり師・きゅう師による施術、保健師・看護師・柔道整復師・あん摩マッサージ指圧師による機能訓練なども含めて居宅サービス計画に位置付けることにより総合的な計画となるよう努めなければならない。

なお、介護支援専門員は、当該日常生活全般を支援する上で、利用者の希望や課題分析の結果を踏まえ、地域で不足していると認められるサービス等については、介護給付等対象サービスであるかどうかを問わず、当該不

五　介護支援専門員は、居宅サービス計画の作成の開始に当たっては、利用者によるサービスの選択に資するよう、当該地域における指定居宅サービス事業者等に関するサービスの内容、利用料等の情報を適正に利用者又はその家族に対して提供するものとする。

六　介護支援専門員は、居宅サービス計画の作成に当たっては、適切な方法により、利用者について、その有する能力、既に提供を受けている指定居宅サービス等のその置かれている環境等の評価を通じて利用者が現に抱える問題点を明らかにし、利用者が自立した日常生活を営むことができるように支援する上で解決すべき課題を把握しなければならない。

七　介護支援専門員は、前号に規定する解決すべき課題の把握（以下「アセスメント」という。）に当

足していると思われるサービス等が地域において提供されるよう関係機関等に働きかけていくことが望ましい。

⑤　利用者自身によるサービスの選択（第5号）

　　介護支援専門員は、利用者自身がサービスを選択することを基本に、これを支援するものである。このため、介護支援専門員は、利用者によるサービスの選択に資するよう、利用者から居宅サービス計画案の作成にあたって複数の指定居宅サービス事業者等の紹介の求めがあった場合等には誠実に対応するとともに、居宅サービス計画案を利用者に提示する際には、当該利用者が居住する地域の指定居宅サービス事業者等に関するサービスの内容、利用料等の情報を適正に利用者又はその家族に対して提供するものとする。したがって、特定の指定居宅サービス事業者に不当に偏した情報を提供するようなことや、利用者の選択を求めることなく同一の事業主体のサービスのみによる居宅サービス計画原案を最初から提示するようなことがあってはならない。また、例えば集合住宅等において、特定の指定居宅サービス事業者のサービスを利用することを、選択の機会を与えることなく入居条件とするようなことはあってはならないが、居宅サービス計画についても、利用者の意思に反して、集合住宅と同一敷地内等の指定居宅サービス事業者のみを居宅サービス計画に位置付けるようなことはあってはならない。

⑥　課題分析の実施（第6号）

　　居宅サービス計画は、個々の利用者の特性に応じて作成されることが重要である。このため介護支援専門員は、居宅サービス計画の作成に先立ち利用者の課題分析を行うこととなる。

　　課題分析とは、利用者の有する日常生活上の能力や利用者が既に提供を受けている指定居宅サービスや介護者の状況等の利用者を取り巻く環境等の評価を通じて利用者が生活の質を維持・向上させていく上で生じている問題点を明らかにし、利用者が自立した日常生活を営むことができるように支援する上で解決すべき課題を把握することであり、利用者の生活全般についてその状態を十分把握することが重要である。

　　なお、当該課題分析は、介護支援専門員の個人的な考え方や手法のみによって行われてはならず、利用者の課題を客観的に抽出するための手法として合理的なものと認められる適切な方法を用いなければならないものであるが、この課題分析の方法については、別途通知するところによるものである。

⑦　課題分析における留意点（第7号）

　　介護支援専門員は、解決すべき課題の把握（以下「ア

たっては、利用者の居宅を訪問し、利用者及びその家族に面接して行わなければならない。この場合において、介護支援専門員は、面接の趣旨を利用者及びその家族に対して十分に説明し、理解を得なければならない。

八　介護支援専門員は、利用者の希望及び利用者についてのアセスメントの結果に基づき、利用者の家族の希望及び当該地域における指定居宅サービス等が提供される体制を勘案して、当該アセスメントにより把握された解決すべき課題に対応するための最も適切なサービスの組合せについて検討し、利用者及びその家族の生活に対する意向、総合的な援助の方針、生活全般の解決すべき課題、提供されるサービスの目標及びその達成時期、サービスの種類、内容及び利用料並びにサービスを提供する上での留意事項等を記載した居宅サービス計画の原案を作成しなければならない。

九　介護支援専門員は、サービス担当者会議（介護支援専門員が居宅サービス計画の作成のために、利用者及びその家族の参加を基本としつつ、居宅サービス計画の原案に位置付けた指定居宅サービス等の担当者（以下この条において「担当者」という。）を招集して行う会議（テレビ電話装置その他の情報通信機器（以下「テレビ電話装置等」という。）を活用して行うことができるものとする。ただし、利用者又はその家族（以下この号において「利用者等」という。）が参加する場合にあっては、テレビ電話装置等の活用について当該利用者等の同意を得なければならない。）をいう。以下同

セスメント」という。）に当たっては、利用者が入院中であることなど物理的な理由がある場合を除き必ず利用者の居宅を訪問し、利用者及びその家族に面接して行わなければならない。この場合において、利用者やその家族との間の信頼関係、協働関係の構築が重要であり、介護支援専門員は、面接の趣旨を利用者及びその家族に対して十分に説明し、理解を得なければならない。なお、このため、介護支援専門員は面接技法等の研鑽に努めることが重要である。

　また、当該アセスメントの結果について記録するとともに、基準第29条第2項の規定に基づき、当該記録は、2年間保存しなければならない。

⑧　居宅サービス計画原案の作成（第8号）

　介護支援専門員は、居宅サービス計画が利用者の生活の質に直接影響する重要なものであることを十分に認識し、居宅サービス計画原案を作成しなければならない。したがって、居宅サービス計画原案は、利用者の希望及び利用者についてのアセスメントの結果による専門的見地に基づき、利用者の家族の希望及び当該地域における指定居宅サービス等が提供される体制を勘案した上で、実現可能なものとする必要がある。

　また、当該居宅サービス計画原案には、利用者及びその家族の生活に対する意向及び総合的な援助の方針並びに生活全般の解決すべき課題を記載した上で、提供されるサービスについて、その長期的な目標及びそれを達成するための短期的な目標並びにそれらの達成時期等を明確に盛り込み、当該達成時期には居宅サービス計画及び各指定居宅サービス等の評価を行い得るようにすることが重要である。

　さらに、提供されるサービスの目標とは、利用者がサービスを受けつつ到達しようとする目標を指すものであり、サービス提供事業者側の個別のサービス行為を意味するものではないことに留意する必要がある。

⑨　サービス担当者会議等による専門的意見の聴取（第9号）

　介護支援専門員は、効果的かつ実現可能な質の高い居宅サービス計画とするため、各サービスが共通の目標を達成するために具体的なサービスの内容として何ができるかなどについて、利用者やその家族、居宅サービス計画原案に位置付けた指定居宅サービス等の担当者からなるサービス担当者会議の開催により、利用者の状況等に関する情報を当該担当者等と共有するとともに、専門的な見地からの意見を求め調整を図ることが重要である。なお、利用者やその家族の参加が望ましくない場合（家庭内暴力等）には、必ずしも参加を求めるものではない

じ。)の開催により、利用者の状況等に関する情報を担当者と共有するとともに、当該居宅サービス計画の原案の内容について、担当者から、専門的な見地からの意見を求めるものとする。ただし、利用者（末期の悪性腫瘍の患者に限る。）の心身の状況等により、主治の医師又は歯科医師（以下この条において「主治の医師等」という。）の意見を勘案して必要と認める場合その他のやむを得ない理由がある場合については、担当者に対する照会等により意見を求めることができるものとする。

ことに留意されたい。また、やむを得ない理由がある場合については、サービス担当者に対する照会等により意見を求めることができるものとしているが、この場合にも、緊密に相互の情報交換を行うことにより、利用者の状況等についての情報や居宅サービス計画原案の内容を共有できるようにする必要がある。なお、ここでいうやむを得ない理由がある場合とは、利用者（末期の悪性腫瘍の患者に限る。）の心身の状況等により、主治の医師又は歯科医師（以下「主治の医師等」という。）の意見を勘案して必要と認める場合のほか、開催の日程調整を行ったが、サービス担当者の事由により、サービス担当者会議への参加が得られなかった場合、居宅サービス計画の変更であって、利用者の状態に大きな変化が見られない等における軽微な変更の場合等が想定される。

サービス担当者会議は、テレビ電話装置等（リアルタイムでの画像を介したコミュニケーションが可能な機器をいう。以下同じ。）を活用して行うことができるものとする。ただし、利用者又はその家族（以下この⑨において「利用者等」という。）が参加する場合にあっては、テレビ電話装置等の活用について当該利用者等の同意を得なければならない。なお、テレビ電話装置等の活用に当たっては、個人情報保護委員会・厚生労働省「医療・介護関係事業者における個人情報の適切な取扱いのためのガイダンス」、厚生労働省「医療情報システムの安全管理に関するガイドライン」等を遵守すること。

また、末期の悪性腫瘍の利用者について必要と認める場合とは、主治の医師等が日常生活上の障害が1か月以内に出現すると判断した時点以降において、主治の医師等の助言を得た上で、介護支援専門員がサービス担当者に対する照会等により意見を求めることが必要と判断した場合を想定している。なお、ここでいう「主治の医師等」とは、利用者の最新の心身の状態、受診中の医療機関、投薬内容等を一元的に把握している医師であり、要介護認定の申請のために主治医意見書を記載した医師に限定されないことから、利用者又はその家族等に確認する方法等により、適切に対応すること。また、サービス種類や利用回数の変更等を利用者に状態変化が生じるたびに迅速に行っていくことが求められるため、日常生活上の障害が出現する前に、今後利用が必要と見込まれる指定居宅サービス等の担当者を含めた関係者を招集した上で、予測される状態変化と支援の方向性について関係者間で共有しておくことが望ましい。

なお、当該サービス担当者会議の要点又は当該担当者への照会内容について記録するとともに、基準第29条の第2項の規定に基づき、当該記録は、2年間保存しなけ

十　介護支援専門員は、居宅サービス計画の原案に位置付けた指定居宅サービス等について、保険給付の対象となるかどうかを区分した上で、当該居宅サービス計画の原案の内容について利用者又はその家族に対して説明し、文書により利用者の同意を得なければならない。

十一　介護支援専門員は、居宅サービス計画を作成した際には、当該居宅サービス計画を利用者及び担当者に交付しなければならない。

十二　介護支援専門員は、居宅サービス計画に位置付けた指定居宅サービス事業者等に対して、訪問介護計画（指定居宅サービス等の事業の人員、設備及び運営に関する基準（平成11年厚生省令第37号。以下「指定居宅サービス等基準」という。）第24条第1項に規定する訪問介護計画をいう。）等指定居宅サービス等基準において位置付けられている計画の提出を求めるものとする。

ればならない。

⑩　居宅サービス計画の説明及び同意（第10号）

居宅サービス計画に位置付ける指定居宅サービス等の選択は、利用者自身が行うことが基本であり、また、当該計画は利用者の希望を尊重して作成されなければならない。利用者に選択を求めることは介護保険制度の基本理念である。このため、当該計画原案の作成に当たって、これに位置付けるサービスについて、また、サービスの内容についても利用者の希望を尊重することとともに、作成された居宅サービス計画の原案についても、最終的には、その内容について説明を行った上で文書によって利用者の同意を得ることを義務づけることにより、利用者によるサービスの選択やサービス内容等への利用者の意向の反映の機会を保障しようとするものである。

また、当該説明及び同意を要する居宅サービス計画原案とは、いわゆる居宅サービス計画書の第1表から第3表まで、第6表及び第7表（「介護サービス計画書の様式及び課題分析標準項目の提示について」（平成11年11月12日老企第29号厚生省老人保健福祉局企画課長通知）に示す標準様式を指す。）に相当するものすべてを指すものである。

⑪　居宅サービス計画の交付（第11号）

居宅サービス計画を作成した際には、遅滞なく利用者及び担当者に交付しなければならない。

また、介護支援専門員は、担当者に対して居宅サービス計画を交付する際には、当該計画の趣旨及び内容等について十分に説明し、各担当者との共有、連携を図った上で、各担当者が自ら提供する居宅サービス等の当該計画（以下「個別サービス計画」という。）における位置付けを理解できるように配慮する必要がある。

なお、基準第29条第2項の規定に基づき、居宅サービス計画は、2年間保存しなければならない。

⑫　担当者に対する個別サービス計画の提出依頼（第12号）

居宅サービス計画と個別サービス計画との連動性を高め、居宅介護支援事業者とサービス提供事業者の意識の共有を図ることが重要である。

このため、基準第13条第12号に基づき、担当者に居宅サービス計画を交付したときは、担当者に対し、個別サービス計画の提出を求め、居宅サービス計画と個別サービス計画の連動性や整合性について確認することとしたものである。

なお、介護支援専門員は、担当者と継続的に連携し、意識の共有を図ることが重要であることから、居宅サービス計画と個別サービス計画の連動性や整合性の確認については、居宅サービス計画を担当者に交付したときに

十三　介護支援専門員は、居宅サービス計画の作成後、居宅サービス計画の実施状況の把握（利用者についての継続的なアセスメントを含む。）を行い、必要に応じて居宅サービス計画の変更、指定居宅サービス事業者等との連絡調整その他の便宜の提供を行うものとする。

十三の二　介護支援専門員は、指定居宅サービス事業者等から利用者に係る情報の提供を受けたときその他必要と認めるときは、利用者の服薬状況、口腔機能その他の利用者の心身又は生活の状況に係る情報のうち必要と認めるものを、利用者の同意を得て主治の医師若しくは歯科医師又は薬剤師に提供するものとする。

限らず、必要に応じて行うことが望ましい。

さらに、サービス担当者会議の前に居宅サービス計画の原案を担当者に提供し、サービス担当者会議に個別サービス計画案の提出を求め、サービス担当者会議において情報の共有や調整を図るなどの手法も有効である。

⑬　居宅サービス計画の実施状況等の把握及び評価等（第13号・第13号の2）

指定居宅介護支援においては、利用者の有する解決すべき課題に即した適切なサービスを組み合わせて利用者に提供し続けることが重要である。このために介護支援専門員は、利用者の解決すべき課題の変化に留意することが重要であり、居宅サービス計画の作成後、居宅サービス計画の実施状況の把握（利用者についての継続的なアセスメントを含む。以下「モニタリング」という。）を行い、利用者の解決すべき課題の変化が認められる場合等必要に応じて居宅サービス計画の変更、指定居宅サービス事業者等との連絡調整その他の便宜の提供を行うものとする。

なお、利用者の解決すべき課題の変化は、利用者に直接サービスを提供する指定居宅サービス事業者等により把握されることも多いことから、介護支援専門員は、当該指定居宅サービス事業者等のサービス担当者と緊密な連携を図り、利用者の解決すべき課題の変化が認められる場合には、円滑に連絡が行われる体制の整備に努めなければならない。

また、利用者の服薬状況、口腔機能その他の利用者の心身又は生活の状況に係る情報は、主治の医師若しくは歯科医師又は薬剤師が医療サービスの必要性等を検討するにあたり有効な情報である。このため、指定居宅介護支援の提供に当たり、例えば、

・薬が大量に余っている又は複数回分の薬を一度に服用している
・薬の服用を拒絶している
・使いきらないうちに新たに薬が処方されている
・口臭や口腔内出血がある
・体重の増減が推測される見た目の変化がある
・食事量や食事回数に変化がある
・下痢や便秘が続いている
・皮膚が乾燥していたり湿疹等がある
・リハビリテーションの提供が必要と思われる状態にあるにも関わらず提供されていない状況

等の利用者の心身又は生活状況に係る情報を得た場合は、それらの情報のうち、主治の医師若しくは歯科医師又は薬剤師の助言が必要であると介護支援専門員が判断したものについて、主治の医師若しくは歯科医師又は薬

剤師に提供するものとする。なお、ここでいう「主治の医師」については、要介護認定の申請のために主治医意見書を記載した医師に限定されないことに留意すること。

⑭　モニタリングの実施（第14号）

介護支援専門員は、モニタリングに当たっては、居宅サービス計画の作成後においても、利用者及びその家族、主治の医師、指定居宅サービス事業者等との連絡を継続的に行うこととし、当該指定居宅サービス事業者等の担当者との連携により、モニタリングが行われている場合においても、特段の事情のない限り、少なくとも1月に1回は利用者の居宅で面接を行い、かつ、少なくとも1月に1回はモニタリングの結果を記録することが必要である。

また、「特段の事情」とは、利用者の事情により、利用者の居宅を訪問し、利用者に面接することができない場合を主として指すものであり、介護支援専門員に起因する事情は含まれない。

さらに、当該特段の事情がある場合については、その具体的な内容を記録しておくことが必要である。

なお、基準第29条第2項の規定に基づき、モニタリングの結果の記録は、2年間保存しなければならない。

⑮　居宅サービス計画の変更の必要性についてのサービス担当者会議等による専門的意見の聴取（第15号）

介護支援専門員は、利用者が要介護状態区分の変更の認定を受けた場合など本号に掲げる場合には、サービス担当者会議の開催により、居宅サービス計画の変更の必要性について、担当者から、専門的な見地からの意見を求めるものとする。ただし、やむを得ない理由がある場合については、サービス担当者に対する照会等により意見を求めることができるものとする。なお、ここでいうやむを得ない理由がある場合とは、開催の日程調整を行ったが、サービス担当者の事由により、サービス担当者会議への参加が得られなかった場合や居宅サービス計画の変更から間もない場合で利用者の状態に大きな変化が見られない場合等が想定される。

当該サービス担当者会議の要点又は当該担当者への照会内容については記録するとともに、基準第29条第2項の規定に基づき、当該記録は、2年間保存しなければならない。

また、前記の担当者からの意見により、居宅サービス計画の変更の必要がない場合においても、記録の記載及び保存について同様である。

⑯　居宅サービス計画の変更（第16号）

介護支援専門員は、居宅サービス計画を変更する際に

十四　介護支援専門員は、第13号に規定する実施状況の把握（以下「モニタリング」という。）に当たっては、利用者及びその家族、指定居宅サービス事業者等との連絡を継続的に行うこととし、特段の事情のない限り、次に定めるところにより行わなければならない。

イ　少なくとも1月に1回、利用者の居宅を訪問し、利用者に面接すること。

ロ　少なくとも1月に1回、モニタリングの結果を記録すること。

十五　介護支援専門員は、次に掲げる場合においては、サービス担当者会議の開催により、居宅サービス計画の変更の必要性について、担当者から、専門的な見地からの意見を求めるものとする。ただし、やむを得ない理由がある場合については、担当者に対する照会等により意見を求めることができるものとする。

イ　要介護認定を受けている利用者が法第28条第2項に規定する要介護更新認定を受けた場合

ロ　要介護認定を受けている利用者が法第29条第1項に規定する要介護状態区分の変更の認定を受けた場合

十六　第3号から第12号までの規定は、第13号に規定する居宅サービス計画の変更について準用す

る。

十七　介護支援専門員は、適切な保健医療サービス及び福祉サービスが総合的かつ効率的に提供された場合においても、利用者がその居宅において日常生活を営むことが困難となったと認める場合又は利用者が介護保険施設への入院又は入所を希望する場合には、介護保険施設への紹介その他の便宜の提供を行うものとする。

十八　介護支援専門員は、介護保険施設等から退院又は退所しようとする要介護者から依頼があった場合には、居宅における生活へ円滑に移行できるよう、あらかじめ、居宅サービス計画の作成等の援助を行うものとする。

十八の二　介護支援専門員は、居宅サービス計画に厚生労働大臣が定める回数以上の訪問介護（厚生労働大臣が定めるものに限る。以下この号において同じ。）を位置付ける場合にあっては、その利用の妥当性を検討し、当該居宅サービス計画に訪問介護が必要な理由を記載するとともに、当該居宅サービス計画を市町村に届け出なければならない。

は、原則として、基準第13条第3号から第12号までに規定された居宅サービス計画作成に当たっての一連の業務を行うことが必要である。

なお、利用者の希望による軽微な変更（例えばサービス提供日時の変更等で、介護支援専門員が基準第13条第3号から第12号までに掲げる一連の業務を行う必要性がないと判断したもの）を行う場合には、この必要はないものとする。ただし、この場合においても、介護支援専門員が、利用者の解決すべき課題の変化に留意することが重要であることは、同条第13号（⑬居宅サービス計画の実施状況等の把握及び評価等）に規定したとおりであるので念のため申し添える。

⑰　介護保険施設への紹介その他の便宜の提供（第17号）
介護支援専門員は、適切な保健医療サービス及び福祉サービスが総合的かつ効率的に提供された場合においても、利用者がその居宅において日常生活を営むことが困難となったと認める場合又は利用者が介護保険施設への入院又は入所を希望する場合には、介護保険施設はそれぞれ医療機能等が異なることに鑑み、主治医の意見を参考にする、主治医に意見を求める等をして介護保険施設への紹介その他の便宜の提供を行うものとする。

⑱　介護保険施設との連携（第18号）
介護支援専門員は、介護保険施設等から退院又は退所しようとする要介護者から居宅介護支援の依頼があった場合には、居宅における生活へ円滑に移行できるよう、あらかじめ、居宅での生活における介護上の留意点等の情報を介護保険施設等の従業者から聴取する等の連携を図るとともに、居宅での生活を前提とした課題分析を行った上で居宅サービス計画を作成する等の援助を行うことが重要である。

⑲　居宅サービス計画の届出（第18号の2）
訪問介護（指定居宅サービスに要する費用の額の算定に関する基準（平成12年厚生省告示第19号）別表指定居宅サービス介護給付費単位数表の1　訪問介護費の注3に規定する生活援助が中心である指定訪問介護に限る。以下この⑲において同じ。）の利用回数が統計的に見て通常の居宅サービス計画よりかけ離れている場合には、利用者の自立支援・重度化防止や地域資源の有効活用等の観点から、市町村が確認し、必要に応じて是正を促していくことが適当である。このため、基準第13条第18号の2は、一定回数（基準第13条第18号の2により厚生労働大臣が定める回数をいう。以下同じ。）以上の訪問介護を位置づける場合にその必要性を居宅サービス計画に記載するとともに、当該居宅サービス計画を市町村に届け出なければならないことを規定するものである。届

十八の三　介護支援専門員は、その勤務する指定居宅介護支援事業所において作成された居宅サービス計画に位置付けられた指定居宅サービス等に係る居宅介護サービス費、特例居宅介護サービス費、地域密着型介護サービス費及び特例地域密着型介護サービス費（以下この号において「サービス費」という。）の総額が法第43条第２項に規定する居宅介護サービス費等区分支給限度基準額に占める割合及び訪問介護に係る居宅介護サービス費がサービス費の総額に占める割合が厚生労働大臣が定める基準に該当する場合であって、かつ、市町村からの求めがあった場合には、当該指定居宅介護支援事業所の居宅サービス計画の利用の妥当性を検討し、当該居宅サービス計画に訪問介護が必要な理由等を記載するとともに、当該居宅サービス計画を市町村に届け出なければならない。

出にあたっては、当該月において作成又は変更（⑯における軽微な変更を除く。）した居宅サービス計画のうち一定回数以上の訪問介護を位置づけたものについて、翌月の末日までに市町村に届け出ることとする。なお、ここで言う当該月において作成又は変更した居宅サービス計画とは、当該月において利用者の同意を得て交付をした居宅サービス計画を言う。また、居宅サービス計画の届出頻度について、一度市町村が検証した居宅サービス計画の次回の届出は、１年後でよいものとする。

市町村の検証の仕方については、包括的・継続的ケアマネジメント支援業務の効果的な実施のために、介護支援専門員、保健医療及び福祉に関する専門的知識を有する者、民生委員その他の関係者、関係機関及び関係団体（以下、「関係者等」という。）により構成される会議等の他に、当該市町村の職員やリハビリテーション専門職を派遣する形で行うサービス担当者会議等での検証も可能である。

⑳　居宅サービス計画の届出（第18号の３）

居宅サービス計画に位置づけられた介護保険法施行規則（平成11年厚生省令第36号）第66条に規定する居宅サービス等区分に係るサービスの合計単位数（以下⑳において「居宅サービス等合計単位数」という。）が区分支給限度基準額（単位数）に占める割合や訪問介護に係る合計単位数が居宅サービス等合計単位数に占める割合が厚生労働大臣が定める基準（基準第13条第18号の３の規定により厚生労働大臣が定める基準をいう。）に該当する場合に、利用者の自立支援・重度化防止や地域資源の有効活用等の観点から、市町村が確認し、必要に応じて是正を促していくことが適当である。このため、基準第13条第18号の３は、当該基準に該当する場合にその必要性を居宅サービス計画に記載するとともに、当該居宅サービス計画を市町村に届け出なければならないことを規定するものである。届出にあたっては、当該月において作成又は変更（⑯における軽微な変更を除く。）した居宅サービス計画に位置づけられたサービスが当該基準に該当する場合には、市町村に届け出ることとする。なお、ここでいう当該月において作成又は変更した居宅サービス計画とは、当該月において利用者の同意を得て交付をした居宅サービス計画をいう。

また、居宅サービス計画の届出頻度について、一度市町村が検証した居宅サービスの計画の次回の届出は、１年後でもよいものとする。

市町村の検証の仕方については、包括的・継続的ケアマネジメント支援業務の効果的な実施のために、関係者等により構成される会議等の他に、当該市町村の職員や

十九　介護支援専門員は、利用者が訪問看護、通所リハビリテーション等の医療サービスの利用を希望している場合その他必要な場合には、利用者の同意を得て主治の医師等の意見を求めなければならない。

十九の二　前号の場合において、介護支援専門員は、居宅サービス計画を作成した際には、当該居宅サービス計画を主治の医師等に交付しなければならない。

二十　介護支援専門員は、居宅サービス計画に訪問看護、通所リハビリテーション等の医療サービスを位置付ける場合にあっては、当該医療サービスに係る主治の医師等の指示がある場合に限りこれを行うものとし、医療サービス以外の指定居宅サービス等を位置付ける場合にあっては、当該指定居宅サービス等に係る主治の医師等の医学的観点からの留意事項が示されているときは、当該留意点を尊重してこれを行うものとする。

二十一　介護支援専門員は、居宅サービス計画に短期入所生活介護又は短期入所療養介護を位置付ける場合にあっては、利用者の居宅における自立した日常生活の維持に十分に留意するものとし、利用者の心身の状況等を勘案して特に必要と認められる場合を除き、短期入所生活介護及び短期入所療養介護を利用する日数が要介護認定の有効期間のおおむね半数を超えないようにしなければならない。

リハビリテーション専門職を派遣する形で行うサービス担当者会議等での検証も可能である。

なお、基準第13条第18号の３については、令和３年10月１日より施行されるため、同年10月以降に作成又は変更した居宅サービス計画について届出を行うこと。

㉑　主治の医師等の意見等（第19号・第19号の２・第20号）

訪問看護、訪問リハビリテーション、通所リハビリテーション、居宅療養管理指導、短期入所療養介護、定期巡回・随時対応型訪問介護看護（訪問看護サービスを利用する場合に限る。）及び看護小規模多機能型居宅介護（訪問看護サービスを利用する場合に限る。）については、主治の医師等がその必要性を認めたものに限られるものであることから、介護支援専門員は、これらの医療サービスを居宅サービス計画に位置付ける場合にあっては主治の医師等の指示があることを確認しなければならない。

このため、利用者がこれらの医療サービスを希望している場合その他必要な場合には、介護支援専門員は、あらかじめ、利用者の同意を得て主治の医師等の意見を求めるとともに、主治の医師等とのより円滑な連携に資するよう、当該意見を踏まえて作成した居宅サービス計画については、意見を求めた主治の医師等に交付しなければならない。なお、交付の方法については、対面のほか、郵送やメール等によることも差し支えない。また、ここで意見を求める「主治の医師等」については、要介護認定の申請のために主治医意見書を記載した医師に限定されないことに留意すること。

なお、医療サービス以外の指定居宅サービス等を居宅サービス計画に位置付ける場合にあって、当該指定居宅サービス等に係る主治の医師等の医学的観点からの留意事項が示されているときは、介護支援専門員は、当該留意点を尊重して居宅介護支援を行うものとする。

㉒　短期入所生活介護及び短期入所療養介護の居宅サービス計画への位置付け（第21号）

短期入所生活介護及び短期入所療養介護（以下「短期入所サービス」という。）は、利用者の自立した日常生活の維持のために利用されるものであり、指定居宅介護支援を行う介護支援専門員は、短期入所サービスを位置付ける居宅サービス計画の作成に当たって、利用者にとってこれらの居宅サービスが在宅生活の維持につながるように十分に留意しなければならないことを明確化したものである。

この場合において、短期入所サービスの利用日数に係る「要介護認定の有効期間のおおむね半数を超えない」という目安については、居宅サービス計画の作成過程に

おける個々の利用者の心身の状況やその置かれている環境等の適切な評価に基づき、在宅生活の維持のための必要性に応じて弾力的に運用することが可能であり、要介護認定の有効期間の半数の日数以内であるかについて機械的な運用を求めるものではない。

従って、利用者の心身の状況及び本人、家族等の意向に照らし、この目安を超えて短期入所サービスの利用が特に必要と認められる場合においては、これを上回る日数の短期入所サービスを居宅サービス計画に位置付けることも可能である。

㉓　福祉用具貸与及び特定福祉用具販売の居宅サービス計画への反映（第22号・第23号）

福祉用具貸与及び特定福祉用具販売については、その特性と利用者の心身の状況等を踏まえて、その必要性を十分に検討せずに選定した場合、利用者の自立支援は大きく阻害されるおそれがあることから、検討の過程を別途記録する必要がある。

このため、介護支援専門員は、居宅サービス計画に福祉用具貸与及び特定福祉用具販売を位置付ける場合には、サービス担当者会議を開催し、当該計画に福祉用具貸与及び特定福祉用具販売が必要な理由を記載しなければならない。

なお、福祉用具貸与については、居宅サービス計画作成後必要に応じて随時サービス担当者会議を開催して、利用者が継続して福祉用具貸与を受ける必要性について専門的意見を聴取するとともに検証し、継続して福祉用具貸与を受ける必要がある場合には、その理由を再び居宅サービス計画に記載しなければならない。

また、福祉用具貸与については以下の項目について留意することとする。

ア　介護支援専門員は、要介護１の利用者（以下「軽度者」という。）の居宅サービス計画に指定福祉用具貸与を位置付ける場合には、「厚生労働大臣が定める基準に適合する利用者等」（平成27年厚生労働省告示第94号）第31号のイで定める状態像の者であることを確認するため、当該軽度者の「要介護認定等基準時間の推計の方法」（平成12年厚生省告示第91号）別表第１の調査票について必要な部分（実施日時、調査対象者等の時点の確認及び本人確認ができる部分並びに基本調査の回答で当該軽度者の状態像の確認が必要な部分）の写し（以下「調査票の写し」という。）を市町村から入手しなければならない。

ただし、当該軽度者がこれらの結果を介護支援専門員へ提示することに、あらかじめ同意していない場合については、当該軽度者の調査票の写しを本人に情報

二十二　介護支援専門員は、居宅サービス計画に福祉用具貸与を位置付ける場合にあっては、その利用の妥当性を検討し、当該計画に福祉用具貸与が必要な理由を記載するとともに、必要に応じて随時サービス担当者会議を開催し、継続して福祉用具貸与を受ける必要性について検証をした上で、継続して福祉用具貸与を受ける必要がある場合にはその理由を居宅サービス計画に記載しなければならない。

二十三　介護支援専門員は、居宅サービス計画に特定福祉用具販売を位置付ける場合にあっては、その利用の妥当性を検討し、当該計画に特定福祉用具販売が必要な理由を記載しなければならない。

開示させ、それを入手しなければならない。

イ　介護支援専門員は、当該軽度者の調査票の写しを指定福祉用具貸与事業者へ提示することに同意を得たうえで、市町村より入手した調査票の写しについて、その内容が確認できる文書を指定福祉用具貸与事業者へ送付しなければならない。

ウ　介護支援専門員は、当該軽度者が「指定居宅サービスに要する費用の額の算定に関する基準（訪問通所サービス、居宅療養管理指導及び福祉用具貸与に係る部分）及び指定居宅介護支援に要する費用の額の算定に関する基準の制定に伴う実施上の留意事項について」（平成12年老企第36号）の第二の9(2)①ウの判断方法による場合については、福祉用具の必要性を判断するため、利用者の状態像が、同ⅰ）からⅲ）までのいずれかに該当する旨について、主治医意見書による方法のほか、医師の診断書又は医師から所見を聴取する方法により、当該医師の所見及び医師の名前を居宅サービス計画に記載しなければならない。この場合において、介護支援専門員は、指定福祉用具貸与事業者より、当該軽度者に係る医師の所見及び医師の名前について確認があったときには、利用者の同意を得て、適切にその内容について情報提供しなければならない。

二十四　介護支援専門員は、利用者が提示する被保険者証に、法第73条第2項に規定する認定審査会意見又は法第37条第1項の規定による指定に係る居宅サービス若しくは地域密着型サービスの種類についての記載がある場合には、利用者にその趣旨（同条第1項の規定による指定に係る居宅サービス若しくは地域密着型サービスの種類については、その変更の申請ができることを含む。）を説明し、理解を得た上で、その内容に沿って居宅サービス計画を作成しなければならない。

㉔　認定審査会意見等の居宅サービス計画への反映（第24号）

指定居宅サービス事業者は、法第73条第2項の規定に基づき認定審査会意見が被保険者証に記されているときは、当該意見に従って、当該被保険者に当該指定居宅サービスを提供するように努める必要があり、介護支援専門員は、利用者が提示する被保険者証にこれらの記載がある場合には、利用者にその趣旨（法第37条第1項の指定に係る居宅サービス若しくは地域密着型サービスの種類については、その変更の申請ができることを含む。）について説明し、理解を得た上で、その内容に沿って居宅サービス計画を作成する必要がある。

二十五　介護支援専門員は、要介護認定を受けている利用者が要支援認定を受けた場合には、指定介護予防支援事業者と当該利用者に係る必要な情報を提供する等の連携を図るものとする。

㉕　指定介護予防支援事業者との連携（第25号）

要介護認定を受けている利用者が要支援認定を受けた場合には、指定介護予防支援事業者が当該利用者の介護予防サービス計画を作成することになるため、速やかに適切な介護予防サービス計画の作成に着手できるよう、指定居宅介護支援事業所は、指定介護予防支援事業者と当該利用者に係る必要な情報を提供する等の連携を図ることとしたものである。

二十六　指定居宅介護支援事業者は、法第115条の23第3項の規定に基づき、指定介護予防支援事業

㉖　指定介護予防支援業務の受託に関する留意点（第26号）

指定居宅介護支援事業者は、指定介護予防支援業務を

者から指定介護予防支援の業務の委託を受けるに当たっては、その業務量等を勘案し、当該指定居宅介護支援事業者が行う指定居宅介護支援の業務が適正に実施できるよう配慮しなければならない。

二十七　指定居宅介護支援事業者は、法第115条の48第4項の規定に基づき、同条第1項に規定する会議から、同条第2項の検討を行うための資料又は情報の提供、意見の開陳その他必要な協力の求めがあった場合には、これに協力するよう努めなければならない。

（法定代理受領サービスに係る報告）

第14条　指定居宅介護支援事業者は、毎月、市町村（法第41条第10項の規定により同条第9項の規定による審査及び支払に関する事務を国民健康保険団体連合会（国民健康保険法（昭和33年法律第192号）第45条第5項に規定する国民健康保険団体連合会をいう。以下同じ。）に委託している場合にあっては、当該国民健康保険団体連合会）に対し、居宅サービス計画において位置付けられている指定居宅サービス等のうち法定代理受領サービス（法第41条第6項の規定により居宅介護サービス費が利用者に代わり当該指定居宅サービス事業者に支払われる場合の当該居宅介護サービス費に係る指定居宅サービスをいう。）として位置付けたものに関する情報を記載した文書を提出しなければならない。

2　指定居宅介護支援事業者は、居宅サービス計画に位置付けられている基準該当居宅サービスに係る特例居宅介護サービス費の支給に係る事務に必要な情報を記載した文書を、市町村（当該事務を国民健康保険団体連合会に委託している場合にあっては、当該国民健康保険団体連合会）に対して提出しなければならない。

受託するにあたっては、その業務量等を勘案し、指定介護予防支援業務を受託することによって、当該指定居宅介護支援事業者が本来行うべき指定居宅介護支援業務の適正な実施に影響を及ぼすことのないよう配慮しなければならない。

㉗　地域ケア会議への協力（第27号）

　地域包括ケアシステムの構築を推進するため、地域ケア会議が介護保険法上に位置付けられ、関係者等は会議から資料又は情報の提供の求めがあった場合には、これに協力するよう努めることについて規定されたところである。地域ケア会議は、個別ケースの支援内容の検討を通じて、法の理念に基づいた高齢者の自立支援に資するケアマネジメントの支援、高齢者の実態把握や課題解決のための地域包括支援ネットワークの構築及び個別ケースの課題分析等を行うことによる地域課題の把握を行うことなどを目的としていることから、指定居宅介護支援事業者は、その趣旨・目的に鑑み、より積極的に協力することが求められる。そのため、地域ケア会議から個別のケアマネジメントの事例の提供の求めがあった場合には、これに協力するよう努めなければならないことについて、具体的取扱方針においても、規定を設けたものである。

(9)　法定代理受領サービスに係る報告

①　基準第14条第1項は、居宅介護サービス費を利用者に代わり当該指定居宅サービス事業者に支払うための手続きとして、指定居宅介護支援事業者に、市町村（国民健康保険団体連合会に委託している場合にあっては当該国民健康保険団体連合会）に対して、居宅サービス計画において位置付けられている指定居宅サービス等のうち法定代理受領サービスとして位置付けたものに関する情報を記載した文書（給付管理票）を毎月提出することを義務づけたものである。

②　同条第2項は、指定居宅介護支援事業者が居宅サービス計画に位置付けられている基準該当居宅サービスに係る情報を指定居宅サービスに係る情報と合わせて市町村（国民健康保険団体連合会に委託している場合にあっては当該国民健康保険団体連合会）に対して提供することにより、基準該当居宅サービスに係る特例居宅介護サービス費又は特例居宅支援サービス費の支払事務が、居宅

サービス計画に位置付けられている指定居宅サービスに係る居宅介護サービス費の支払を待つことなく、これと同時並行的に行うことができるようにするための規定である。

（利用者に対する居宅サービス計画等の書類の交付）

第15条 指定居宅介護支援事業者は、利用者が他の居宅介護支援事業者の利用を希望する場合、要介護認定を受けている利用者が要支援認定を受けた場合その他利用者からの申出があった場合には、当該利用者に対し、直近の居宅サービス計画及びその実施状況に関する書類を交付しなければならない。

⑽　利用者に対する居宅サービス計画等の書類の交付

　基準第15条は、利用者が指定居宅介護支援事業者を変更した場合に、変更後の指定居宅介護支援事業者又は指定介護予防支援事業者が滞りなく給付管理票の作成・届出等の事務を行うことができるよう、指定居宅介護支援事業者は、利用者が他の居宅介護支援事業者の利用を希望する場合、要介護認定を受けている利用者が要支援認定を受けた場合、その他利用者からの申し出があった場合には、当該利用者に対し、直近の居宅サービス計画及びその実施状況に関する書類を交付しなければならないこととしたものである。

（利用者に関する市町村への通知）

第16条 指定居宅介護支援事業者は、指定居宅介護支援を受けている利用者が次のいずれかに該当する場合は、遅滞なく、意見を付してその旨を市町村に通知しなければならない。

一　正当な理由なしに介護給付等対象サービスの利用に関する指示に従わないこと等により、要介護状態の程度を増進させたと認められるとき。

二　偽りその他不正の行為によって保険給付の支給を受け、又は受けようとしたとき。

⑾　利用者に関する市町村への通知

　基準第16条は、偽りその他不正の行為によって保険給付を受けた者及び自己の故意の犯罪行為若しくは重大な過失等により、要介護状態若しくはその原因となった事故を生じさせるなどした者については、市町村が、介護保険法第22条第1項に基づく既に支払った保険給付の徴収又は第64条に基づく保険給付の制限を行うことができることに鑑み、指定居宅介護支援事業者が、その利用者に関し、保険給付の適正化の観点から市町村に通知しなければならない事由を列記したものである。

（管理者の責務）

第17条 指定居宅介護支援事業所の管理者は、当該指定居宅介護支援事業所の介護支援専門員その他の従業者の管理、指定居宅介護支援の利用の申込みに係る調整、業務の実施状況の把握その他の管理を一元的に行わなければならない。

2　指定居宅介護支援事業所の管理者は、当該指定居宅介護支援事業所の介護支援専門員その他の従業者にこの章の規定を遵守させるため必要な指揮命令を行うものとする。

（運営規程）

第18条 指定居宅介護支援事業者は、指定居宅介護支援事業所ごとに、次に掲げる事業の運営についての重要事項に関する規程（以下「運営規程」という。）として次に掲げる事項を定めるものとする。

一　事業の目的及び運営の方針

⑿　運営規程

　基準第18条は、指定居宅介護支援の事業の適正な運営及び利用者等に対する適切な指定居宅介護支援の提供を確保するため、同条第1号から第7号までに掲げる事項を内容とする規定を定めることを指定居宅介護支援事業所ごとに義務づけたものである。特に次の点に留意する必要がある。

二　職員の職種、員数及び職務内容

三　営業日及び営業時間

四　指定居宅介護支援の提供方法、内容及び利用料その他の費用の額

五　通常の事業の実施地域

六　虐待の防止のための措置に関する事項

七　その他運営に関する重要事項

① 職員の職種、員数及び職務内容（第2号）

職員については、介護支援専門員とその他の職員に区分し、員数及び職務内容を記載することとする。職員の「員数」は日々変わりうるものであるため、業務負担軽減等の観点から、規程を定めるに当たっては、基準第2条において置くべきとされている員数を満たす範囲において、「○人以上」と記載することも差し支えない（基準第4条に規定する重要事項を記した文書に記載する場合についても、同様とする。）。

② 指定居宅介護支援の提供方法、内容及び利用料その他の費用の額（第4号）

指定居宅介護支援の提供方法及び内容については、利用者の相談を受ける場所、課題分析の手順等を記載するものとする。

③ 通常の事業の実施地域（第5号）

通常の事業の実施地域は、客観的にその区域が特定されるものとすること。なお、通常の事業の実施地域は、利用申込に係る調整等の観点からの目安であり、当該地域を越えて指定居宅介護支援が行われることを妨げるものではない。

④ 虐待の防止のための措置に関する事項（第6号）

㉒の虐待の防止に係る、組織内の体制（責任者の選定、従業者への研修方法や研修計画等）や虐待又は虐待が疑われる事案（以下「虐待等」という。）が発生した場合の対応方法等を指す内容であること。

（勤務体制の確保）

第19条　指定居宅介護支援事業者は、利用者に対し適切な指定居宅介護支援を提供できるよう、指定居宅介護支援事業所ごとに介護支援専門員その他の従業者の勤務の体制を定めておかなければならない。

⒀ 勤務体制の確保

基準第19条は、利用者に対する適切な指定居宅介護支援の提供を確保するため、職員の勤務体制等を規定したものであるが、次の点に留意する必要がある。

① 指定居宅介護支援事業所ごとに、原則として月ごとの勤務表を作成し、介護支援専門員については、日々の勤務時間、常勤・非常勤の別、管理者との兼務関係等を明確にする。

なお、当該勤務の状況等は、基準第17条により指定居宅介護支援事業所の管理者が管理する必要があり、非常勤の介護支援専門員を含めて当該指定居宅介護支援事業所の業務として一体的に管理されていることが必要である。従って、非常勤の介護支援専門員が兼務する業務の事業所を居宅介護支援の拠点とし独立して利用者ごとの居宅介護支援台帳の保管を行うようなことは認められないものである。

2　指定居宅介護支援事業者は、指定居宅介護支援事業所ごとに、当該指定居宅介護支援事業所の介護支援専門員に指定居宅介護支援の業務を担当させなけ

② 同条第2項は、当該指定居宅介護支援事業所の従業者たる介護支援専門員が指定居宅介護支援を担当するべきことを規定したものであり、当該事業所と介護支援専門

ればならない。ただし、介護支援専門員の補助の業務についてはこの限りでない。

3　指定居宅介護支援事業者は、介護支援専門員の資質の向上のために、その研修の機会を確保しなければならない。

4　指定居宅介護支援事業者は、適切な指定居宅介護支援の提供を確保する観点から、職場において行われる性的な言動又は優越的な関係を背景とした言動であって業務上必要かつ相当な範囲を超えたものにより介護支援専門員の就業環境が害されることを防止するための方針の明確化等の必要な措置を講じなければならない。

員の関係については、当該事業所の管理者の指揮命令が介護支援専門員に対して及ぶことが要件となるが、雇用契約に限定されるものではないものである。

③　同条第3項は、より適切な指定居宅介護支援を行うために、介護支援専門員の研修の重要性について規定したものであり、指定居宅介護支援事業者は、介護支援専門員の資質の向上を図る研修の機会を確保しなければならない。

④　同条第4項は、雇用の分野における男女の均等な機会及び待遇の確保等に関する法律（昭和47年法律第113号）第11条第1項及び労働施策の総合的な推進並びに労働者の雇用の安定及び職業生活の充実等に関する法律（昭和41年法律第132号）第30条の2第1項の規定に基づき、事業主には、職場におけるセクシュアルハラスメントやパワーハラスメント（以下「職場におけるハラスメント」という。）の防止のための雇用管理上の措置を講じることが義務づけられていることを踏まえ、規定したものである。事業主が講ずべき措置の具体的内容及び事業主が講じることが望ましい取組については、次のとおりとする。なお、セクシュアルハラスメントについては、上司や同僚に限らず、利用者やその家族等から受けるものも含まれることに留意すること。

イ　事業主が講ずべき措置の具体的内容

　　事業主が講ずべき措置の具体的な内容は、事業主が職場における性的な言動に起因する問題に関して雇用管理上講ずべき措置等についての指針（平成18年厚生労働省告示第615号）及び事業主が職場における優越的な関係を背景とした言動に起因する問題に関して雇用管理上講ずべき措置等についての指針（令和2年厚生労働省告示第5号。以下「パワーハラスメント指針」という。）において規定されているとおりであるが、特に留意されたい内容は以下のとおりである。

　a　事業者の方針等の明確化及びその周知・啓発

　　職場におけるハラスメントの内容及び職場におけるハラスメントを行ってはならない旨の方針を明確化し、従業者に周知・啓発すること。

　b　相談（苦情を含む。以下同じ。）に応じ、適切に対応するために必要な体制の整備

　　相談に対応する担当者をあらかじめ定めること等により、相談への対応のための窓口をあらかじめ定め、労働者に周知すること。

　　なお、パワーハラスメント防止のための事業主の方針の明確化等の措置義務については、女性の職業生活における活躍の推進に関する法律等の一部を改正する法律（令和元年法律第24号）附則第3条の規定により

読み替えられた労働施策の総合的な推進並びに労働者の雇用の安定及び職業生活の充実等に関する法律第30条の2第1項の規定により、中小企業（医療・介護を含むサービス業を主たる事業とする事業主については資本金が5000万円以下又は常時使用する従業員の数が100人以下の企業）は、令和4年4月1日から義務化となり、それまでの間は努力義務とされているが、適切な勤務体制の確保等の観点から、必要な措置を講じるよう努められたい。

ロ　事業主が講じることが望ましい取組について

　　パワーハラスメント指針においては、顧客等からの著しい迷惑行為（カスタマーハラスメント）の防止のために、事業主が雇用管理上の配慮として行うことが望ましい取組の例として、①相談に応じ、適切に対応するために必要な体制の整備、②被害者への配慮のための取組（メンタルヘルス不調への相談対応、行為者に対して1人で対応させない等）及び③被害防止のための取組（マニュアル作成や研修の実施等、業種・業態等の状況に応じた取組）が規定されている。介護現場では特に、利用者又はその家族等からのカスタマーハラスメントの防止が求められていることから、イ（事業主が講ずべき措置の具体的内容）の必要な措置を講じるにあたっては、「介護現場におけるハラスメント対策マニュアル」、「（管理職・職員向け）研修のための手引き」等を参考にした取組を行うことが望ましい。この際、上記マニュアルや手引きについては、以下の厚生労働省ホームページに掲載しているので参考にされたい。

（https://www.mhlw.go.jp/stf/newpage_05120.html）

　　加えて、都道府県において、地域医療介護総合確保基金を活用した介護職員に対する悩み相談窓口設置事業や介護事業所におけるハラスメント対策推進事業を実施している場合、事業者が行う各種研修の費用等について助成等を行っていることから、事業主はこれらの活用も含め、介護事業所におけるハラスメント対策を推進することが望ましい。

（業務継続計画の策定等）

第19条の2　指定居宅介護支援事業者は、感染症や非常災害の発生時において、利用者に対する指定居宅介護支援の提供を継続的に実施するための、及び非常時の体制で早期の業務再開を図るための計画（以下「業務継続計画」という。）を策定し、当該業務継続計画に従い必要な措置を講じなければならない。

2　指定居宅介護支援事業者は、介護支援専門員に対

⑭　業務継続計画の策定等

①　基準第19条の2は、指定居宅介護支援事業者は、感染症や災害が発生した場合にあっても、利用者が継続して指定居宅介護支援の提供を受けられるよう、指定居宅介護支援の提供を継続的に実施するための、及び非常時の体制で早期の業務再開を図るための計画（以下「業務継続計画」という。）を策定するとともに、当該業務継続計画に従い、介護支援専門員その他の従業者に対して、必

し、業務継続計画について周知するとともに、必要な研修及び訓練を定期的に実施しなければならない。

3　指定居宅介護支援事業者は、定期的に業務継続計画の見直しを行い、必要に応じて業務継続計画の変更を行うものとする。

要な研修及び訓練（シミュレーション）を実施しなければならないこととしたものである。利用者がサービス利用を継続する上で、指定居宅介護支援事業者が重要な役割を果たすことを踏まえ、関係機関との連携等に努めることが重要である。なお、業務継続計画の策定、研修及び訓練の実施については、基準第19条の２に基づき事業所に実施が求められるものであるが、他のサービス事業者との連携等により行うことも差し支えない。また、感染症や災害が発生した場合には、従業者が連携し取り組むことが求められることから、研修及び訓練の実施にあたっては、全ての従業者が参加できるようにすることが望ましい。

　　なお、業務継続計画の策定等に係る義務付けの適用に当たっては、指定居宅サービス等の事業の人員、設備及び運営に関する基準等の一部を改正する省令（令和３年厚生労働省令第９号。以下「令和３年改正省令」という。）附則第３条において、３年間の経過措置を設けており、令和６年３月31日までの間は、努力義務とされている。

②　業務継続計画には、以下の項目等を記載すること。なお、各項目の記載内容については、「介護施設・事業所における新型コロナウイルス感染症発生時の業務継続ガイドライン」及び「介護施設・事業所における自然災害発生時の業務継続ガイドライン」を参照されたい。また、想定される災害等は地域によって異なるものであることから、項目については実態に応じて設定すること。なお、感染症及び災害の業務継続計画を一体的に策定することを妨げるものではない。

　イ　感染症に係る業務継続計画
　　　a　平時からの備え（体制構築・整備、感染症防止に向けた取組の実施、備蓄品の確保等）
　　　b　初動対応
　　　c　感染拡大防止体制の確立（保健所との連携、濃厚接触者への対応、関係者との情報共有等）
　ロ　災害に係る業務継続計画
　　　a　平常時の対応（建物・設備の安全対策、電気・水道等のライフラインが停止した場合の対策、必要品の備蓄等）
　　　b　緊急時の対応（業務継続計画発動基準、対応体制等）
　　　c　他施設及び地域との連携
③　研修の内容は、感染症及び災害に係る業務継続計画の具体的内容を職員間に共有するとともに、平常時の対応の必要性や、緊急時の対応にかかる理解の励行を行うものとする。

職員教育を組織的に浸透させていくために、定期的（年1回以上）な教育を開催するとともに、新規採用時には別に研修を実施することが望ましい。また、研修の実施内容についても記録すること。なお、感染症の業務継続計画に係る研修については、感染症の予防及びまん延の防止のための研修と一体的に実施することも差し支えない。

④　訓練（シミュレーション）においては、感染症や災害が発生した場合において迅速に行動できるよう、業務継続計画に基づき、事業所内の役割分担の確認、感染症や災害が発生した場合に実践するケアの演習等を定期的（年1回以上）に実施するものとする。なお、感染症の業務継続計画に係る訓練については、感染症の予防及びまん延の防止のための訓練と一体的に実施することも差し支えない。

訓練の実施は、机上を含めその実施手法は問わないものの、机上及び実地で実施するものを適切に組み合わせながら実施することが適切である。

（設備及び備品等）

第20条　指定居宅介護支援事業者は、事業を行うために必要な広さの区画を有するとともに、指定居宅介護支援の提供に必要な設備及び備品等を備えなければならない。

⒂　設備及び備品等

基準第20条に掲げる設備及び備品等については、次の点に留意するものである。

①　指定居宅介護支援事業所には、事業の運営を行うために必要な面積を有する専用の事務室を設けることが望ましいが、他の事業の用に供するものと明確に区分される場合は、他の事業との同一の事務室であっても差し支えないこと。なお、同一事業所において他の事業を行う場合に、業務に支障がないときは、それぞれの事業を行うための区画が明確に特定されていれば足りるものとする。

②　専用の事務室又は区画については、相談、サービス担当者会議等に対応するのに適切なスペースを確保することとし、相談のためのスペース等は利用者が直接出入りできるなど利用しやすい構造とすること。

③　指定居宅介護支援に必要な設備及び備品等を確保すること。ただし、他の事業所及び施設等と同一敷地内にある場合であって、指定居宅介護支援の事業及び当該他の事業所及び施設等の運営に支障がない場合は、当該他の事業所及び施設等に備え付けられた設備及び備品等を使用することができるものとする。

（従業者の健康管理）

第21条　指定居宅介護支援事業者は、介護支援専門員の清潔の保持及び健康状態について、必要な管理を行わなければならない。

（感染症の予防及びまん延の防止のための措置）

第21条の2　指定居宅介護支援事業者は、当該指定居宅介護支援事業所において感染症が発生し、又はまん延しないように、次の各号に掲げる措置を講じなければならない。

一　当該指定居宅介護支援事業所における感染症の予防及びまん延の防止のための対策を検討する委員会（テレビ電話装置等を活用して行うことができるものとする。）をおおむね6月に1回以上開催するとともに、その結果について、介護支援専門員に周知徹底を図ること。

二　当該指定居宅介護支援事業所における感染症の予防及びまん延の防止のための指針を整備すること。

三　当該指定居宅介護支援事業所において、介護支援専門員に対し、感染症の予防及びまん延の防止のための研修及び訓練を定期的に実施すること。

(16)　感染症の予防及びまん延の防止のための措置

　基準第21条の2に規定する感染症が発生し、又はまん延しないように講ずるべき措置については、具体的には次のイからハまでの取扱いとすること。各事項について、同項に基づき事業所に実施が求められるものであるが、他のサービス事業者との連携等により行うことも差し支えない。

　なお、感染症の予防及びまん延の防止のための措置に係る義務付けの適用に当たっては、令和3年改正省令附則第4条において、3年間の経過措置を設けており、令和6年3月31日までの間は、努力義務とされている。

イ　感染症の予防及びまん延の防止のための対策を検討する委員会

　当該事業所における感染症の予防及びまん延の防止のための対策を検討する委員会（以下「感染対策委員会」という。）であり、感染対策の知識を有する者を含む、幅広い職種により構成することが望ましく、特に、感染症対策の知識を有する者については外部の者も含め積極的に参画を得ることが望ましい。構成メンバーの責任及び役割分担を明確にするとともに、専任の感染対策を担当する者（以下「感染対策担当者」という。）を決めておくことが必要である。感染対策委員会は、利用者の状況など事業所の状況に応じ、おおむね6月に1回以上、定期的に開催するとともに、感染症が流行する時期等を勘案して必要に応じ随時開催する必要がある。

　感染対策委員会は、テレビ電話装置等を活用して行うことができるものとする。この際、個人情報保護委員会・厚生労働省「医療・介護関係事業者における個人情報の適切な取扱いのためのガイダンス」、厚生労働省「医療情報システムの安全管理に関するガイドライン」等を遵守すること。

　なお、感染対策委員会は、他の会議体を設置している場合、これと一体的に設置・運営することとして差し支えない。また、事業所に実施が求められるものであるが、他のサービス事業者との連携等により行うことも差し支えない。

　感染対策委員会は、居宅介護支援事業所の従業者が1名である場合は、ロの指針を整備することで、委員会を開催しないことも差し支えない。この場合にあっては、指針の整備について、外部の感染管理等の専門家等と積極的に連携することが望ましい。

ロ　感染症の予防及びまん延の防止のための指針

　当該事業所における「感染症の予防及びまん延の防止のための指針」には、平常時の対策及び発生時の対応を規定する。

平常時の対策としては、事業所内の衛生管理（環境の整備等）、ケアにかかる感染対策（手洗い、標準的な予防策）等、発生時の対応としては、発生状況の把握、感染拡大の防止、医療機関や保健所、市町村における事業所関係課等の関係機関との連携、行政等への報告等が想定される。また、発生時における事業所内の連絡体制や上記の関係機関への連絡体制を整備し、明記しておくことも必要である。

なお、それぞれの項目の記載内容の例については、「介護現場における感染対策の手引き」を参照されたい。

ハ　感染症の予防及びまん延の防止のための研修及び訓練

介護支援専門員等に対する「感染症の予防及びまん延の防止のための研修」の内容は、感染対策の基礎的内容等の適切な知識を普及・啓発するとともに、当該事業所における指針に基づいた衛生管理の徹底や衛生的なケアの励行を行うものとする。

職員教育を組織的に浸透させていくためには、当該事業所が定期的な教育（年１回以上）を開催するとともに、新規採用時には感染対策研修を実施することが望ましい。また、研修の実施内容についても記録することが必要である。

なお、研修の実施は、厚生労働省「介護施設・事業所の職員向け感染症対策力向上のための研修教材」等を活用するなど、事業所内で行うものでも差し支えなく、当該事業所の実態に応じ行うこと。

また、平時から、実際に感染症が発生した場合を想定し、発生時の対応について、訓練（シミュレーション）を定期的（年１回以上）に行うことが必要である。訓練においては、感染症発生時において迅速に行動できるよう、発生時の対応を定めた指針及び研修内容に基づき、事業所内の役割分担の確認や、感染対策をした上でのケアの演習等を実施するものとする。

訓練の実施は、机上を含めその実施手法は問わないものの、机上及び実地で実施するものを適切に組み合わせながら実施することが適切である。

（掲示）

第22条　指定居宅介護支援事業者は、指定居宅介護支援事業所の見やすい場所に、運営規程の概要、介護支援専門員の勤務の体制その他の利用申込者のサービスの選択に資すると認められる重要事項を掲示しなければならない。

⒄　掲示

①　基準第22条第１項は、基準第４条の規定により居宅介護支援の提供開始時に運営規程の概要、介護支援専門員の勤務の体制、事故発生時の対応、苦情処理の体制、提供するサービスの第三者評価の実施状況（実施の有無、実施した直近の年月日、実施した評価機関の名称、評価結果の開示状況）等の利用申込者のサービスの選択に資すると認められる重要事項を利用申込者及びその家族に対して説明を行った上で同意を得ることとしていること

に加え、指定居宅介護支援事業所への当該重要事項の掲示を義務づけることにより、サービス提供が開始された後、継続的にサービスが行われている段階においても利用者の保護を図る趣旨であるが、次に掲げる点に留意する必要がある。

イ　事業所の見やすい場所とは、重要事項を伝えるべき介護サービスの利用申込者、利用者又はその家族に対して見やすい場所のことであること。

ロ　介護支援専門員の勤務の体制については、職種ごと、常勤・非常勤ごと等の人数を掲示する趣旨であり、介護支援専門員の氏名まで掲示することを求めるものではないこと。

② 同条第2項は、重要事項を記載したファイル等を介護サービスの利用申込者、利用者又はその家族等が自由に閲覧可能な形で当該指定居宅介護支援事業所内に備え付けることで同条第1項の掲示に代えることができることを規定したものである。

2　指定居宅介護支援事業者は、前項に規定する事項を記載した書面を当該指定居宅介護支援事業所に備え付け、かつ、これをいつでも関係者に自由に閲覧させることにより、同項の規定による掲示に代えることができる。

（秘密保持）

第23条　指定居宅介護支援事業所の介護支援専門員その他の従業者は、正当な理由がなく、その業務上知り得た利用者又はその家族の秘密を漏らしてはならない。

2　指定居宅介護支援事業者は、介護支援専門員その他の従業者であった者が、正当な理由がなく、その業務上知り得た利用者又はその家族の秘密を漏らすことのないよう、必要な措置を講じなければならない。

3　指定居宅介護支援事業者は、サービス担当者会議等において、利用者の個人情報を用いる場合は利用者の同意を、利用者の家族の個人情報を用いる場合は当該家族の同意を、あらかじめ文書により得ておかなければならない。

⑱　秘密保持

① 基準第23条第1項は、指定居宅介護支援事業所の介護支援専門員その他の従業者に、その業務上知り得た利用者又はその家族の秘密の保持を義務づけたものである。

② 同条第2項は、指定居宅介護支援事業者に対して、過去に当該指定居宅介護支援事業所の介護支援専門員その他の従業者であった者が、その業務上知り得た利用者又はその家族の秘密を漏らすことがないよう必要な措置を取ることを義務づけたものであり、具体的には、指定居宅介護支援事業者は、当該指定居宅介護支援事業所の介護支援専門員その他の従業者が、従業者でなくなった後においてもこれらの秘密を保持すべき旨を、従業者の雇用時に取り決め、例えば違約金についての定めを置くなどの措置を講ずべきこととするものである。

③ 同条第3項は、介護支援専門員及び居宅サービス計画に位置付けた各居宅サービスの担当者が課題分析情報等を通じて利用者の有する問題点や解決すべき課題等の個人情報を共有するためには、あらかじめ、文書により利用者及びその家族から同意を得る必要があることを規定したものであるが、この同意については、指定居宅介護支援事業者が、指定居宅介護支援開始時に、利用者及びその家族の代表から、連携するサービス担当者間で個人情報を用いることについて包括的に同意を得ることで足りるものである。

（広告）

第24条　指定居宅介護支援事業者は、指定居宅介護支援事業所について広告をする場合においては、その

内容が虚偽又は誇大なものであってはならない。

（居宅サービス事業者等からの利益収受の禁止等）

第25条　指定居宅介護支援事業者及び指定居宅介護支援事業所の管理者は、居宅サービス計画の作成又は変更に関し、当該指定居宅介護支援事業所の介護支援専門員に対して特定の居宅サービス事業者等によるサービスを位置付けるべき旨の指示等を行ってはならない。

2　指定居宅介護支援事業所の介護支援専門員は、居宅サービス計画の作成又は変更に関し、利用者に対して特定の居宅サービス事業者等によるサービスを利用すべき旨の指示等を行ってはならない。

3　指定居宅介護支援事業者及びその従業者は、居宅サービス計画の作成又は変更に関し、利用者に対して特定の居宅サービス事業者等によるサービスを利用させることの対価として、当該居宅サービス事業者等から金品その他の財産上の利益を収受してはならない。

（苦情処理）

第26条　指定居宅介護支援事業者は、自ら提供した指定居宅介護支援又は自らが居宅サービス計画に位置

⒆　居宅サービス事業者等からの利益収受の禁止等

①　基準第25条第１項は、居宅サービス計画の作成又は変更に関し、指定居宅介護支援事業者及び指定居宅介護支援事業所の管理者が当該居宅介護支援事業所の介護支援専門員に利益誘導のために特定の居宅サービス事業者等によるサービスを位置付ける旨の指示等を行うことを禁じた規定である。これは、居宅サービス計画があくまで利用者の解決すべき課題に即したものでなければならないという居宅介護支援の公正中立の原則の遵守をうたったものであり、例えば、指定居宅介護支援事業者又は指定居宅介護支援事業所の管理者が、同一法人系列の居宅サービス事業者のみを位置付けるように指示すること等により、解決すべき課題に反するばかりでなく、事実上他の居宅サービス事業者の利用を妨げることを指すものである。また、介護支援専門員は、居宅介護支援費の加算を得るために、解決すべき課題に即さない居宅サービスを居宅サービス計画に位置付けることがあってはならない。ましてや指定居宅介護支援事業者及び指定居宅介護支援事業所の管理者は、当該居宅介護支援事業所の介護支援専門員に同旨の指示をしてはならない。

②　同条第２項は、指定居宅介護支援事業所の介護支援専門員が利用者に利益誘導のために特定の居宅サービス事業者等によるサービスを利用すべき旨の指示等を行うことを禁じた規定である。これも前項に規定した指定居宅介護支援の公正中立の原則の遵守をうたったものであり、例えば、指定居宅介護支援事業所の介護支援専門員が、同一法人系列の居宅サービス事業者のみを利用するように指示すること等により、解決すべき課題に反するばかりでなく、事実上他の居宅サービス事業者の利用を妨げることを指すものである。また、介護支援専門員は、居宅介護支援費の加算を得るために、解決すべき課題に即さない居宅サービスを居宅サービス計画に位置付けることがあってはならない。

③　同条第３項は、居宅介護支援の公正中立性を確保するために、指定居宅介護支援事業者及びその従業者が、利用者に対して特定の居宅サービス事業者等によるサービスを利用させることの対価として、当該居宅サービス事業者等から、金品その他の財産上の利益を収受してはならないこととしたものである。

⒇　苦情処理

①　基準第26条第１項は、利用者の保護及び適切かつ円滑な指定居宅介護支援、指定居宅サービス等の利用に資す

付けた指定居宅サービス等（第6項において「指定居宅介護支援等」という。）に対する利用者及びその家族からの苦情に迅速かつ適切に対応しなければならない。

2　指定居宅介護支援事業者は、前項の苦情を受け付けた場合は、当該苦情の内容等を記録しなければならない。

3　指定居宅介護支援事業者は、自ら提供した指定居宅介護支援に関し、法第23条の規定により市町村が行う文書その他の物件の提出若しくは提示の求め又は当該市町村の職員からの質問若しくは照会に応じ、及び利用者からの苦情に関して市町村が行う調査に協力するとともに、市町村から指導又は助言を受けた場合においては、当該指導又は助言に従って必要な改善を行わなければならない。

4　指定居宅介護支援事業者は、市町村からの求めがあった場合には、前項の改善の内容を市町村に報告しなければならない。

5　指定居宅介護支援事業者は、自らが居宅サービス計画に位置付けた法第41条第1項に規定する指定居宅サービス又は法第42条の2第1項に規定する指定地域密着型サービスに対する苦情の国民健康保険団体連合会への申立てに関して、利用者に対し必要な援助を行わなければならない。

6　指定居宅介護支援事業者は、指定居宅介護支援等に対する利用者からの苦情に関して国民健康保険団体連合会が行う法第176条第1項第3号の調査に協力するとともに、自ら提供した指定居宅介護支援に

るため、自ら提供した指定居宅介護支援又は自らが居宅サービス計画に位置付けた指定居宅サービス等に対する利用者及びその家族からの苦情に迅速かつ適切に対応しなければならないこととしたものである。具体的には、指定居宅介護支援等についての苦情の場合には、当該事業者は、利用者又はその家族、指定居宅サービス事業者等から事情を聞き、苦情に係る問題点を把握の上、対応策を検討し必要に応じて利用者に説明しなければならないものである。

なお、介護保険法第23条の規定に基づき、市町村から居宅サービス計画の提出を求められた場合には、基準第26条第3項の規定に基づいて、その求めに応じなければならないものである。

②　同条第2項は、苦情に対し指定居宅介護支援事業者が組織として迅速かつ適切に対応するため、当該苦情（指定居宅介護支援事業者が提供したサービスとは関係のないものを除く。）の内容等を記録することを義務づけたものである。

また、指定居宅介護支援事業者は、苦情がサービスの質の向上を図る上での重要な情報であるとの認識に立ち、苦情の内容を踏まえ、サービスの質の向上に向けた取組を自ら行うべきである。

なお、基準第29条第2項の規定に基づき、苦情の内容等の記録は、2年間保存しなければならない。

③　同条第3項は、介護保険法上、苦情処理に関する業務を行うことが位置付けられている国民健康保険団体連合会のみならず、住民に最も身近な行政庁である市町村が、一次的には居宅サービス等に関する苦情に対応することが多くなることと考えられることから、市町村についても国民健康保険団体連合会と同様に、指定居宅介護支援事業者に対する苦情に関する調査や指導、助言を行えることを運営基準上、明確にしたものである。

④　なお、指定居宅介護支援事業者は、当該事業所における苦情を処理するために講ずる措置の概要について明らかにし、相談窓口の連絡先、苦情処理の体制及び手順等を利用申込者にサービスの内容を説明する文書に記載するとともに、事業所に掲示するべきものである。

関して国民健康保険団体連合会から同号の指導又は助言を受けた場合においては、当該指導又は助言に従って必要な改善を行わなければならない。

7　指定居宅介護支援事業者は、国民健康保険団体連合会からの求めがあった場合には、前項の改善の内容を国民健康保険団体連合会に報告しなければならない。

（事故発生時の対応）

第27条　指定居宅介護支援事業者は、利用者に対する指定居宅介護支援の提供により事故が発生した場合には速やかに市町村、利用者の家族等に連絡を行うとともに、必要な措置を講じなければならない。

2　指定居宅介護支援事業者は、前項の事故の状況及び事故に際して採った処置について記録しなければならない。

3　指定居宅介護支援事業者は、利用者に対する指定居宅介護支援の提供により賠償すべき事故が発生した場合には、損害賠償を速やかに行わなければならない。

（虐待の防止）

第27条の2　指定居宅介護支援事業者は、虐待の発生又はその再発を防止するため、次の各号に掲げる措置を講じなければならない。

一　当該指定居宅介護支援事業所における虐待の防止のための対策を検討する委員会（テレビ電話装置等を活用して行うことができるものとする。）を定期的に開催するとともに、その結果について、介護支援専門員に周知徹底を図ること。

二　当該指定居宅介護支援事業所における虐待の防止のための指針を整備すること。

三　当該指定居宅介護支援事業所において、介護支援専門員に対し、虐待の防止のための研修を定期

(21)　事故発生時の対応

　基準第27条は、利用者が安心して指定居宅介護支援の提供を受けられるよう事故発生時の速やかな対応を規定したものである。指定居宅介護支援事業者は、利用者に対する指定居宅介護支援の提供により事故が発生した場合は、市町村、当該利用者の家族等に連絡し、必要な措置を講じるべきこととするとともに、当該事故の状況及び事故に際して採った処置について記録し、また、利用者に対する指定居宅介護支援の提供により賠償すべき事故が発生した場合には、損害賠償を速やかに行うべきこととしたものである。

　なお、基準第29条第2項の規定に基づき、事故の状況及び事故に際して採った処置についての記録は、2年間保存しなければならない。

　このほか、以下の点に留意されたい。

①　指定居宅介護支援事業者は、利用者に対する指定居宅介護支援の提供により事故が発生した場合の対応方法について、あらかじめ定めておくことが望ましいこと。

②　指定居宅介護支援事業者は、賠償すべき事態となった場合には、速やかに賠償しなければならない。そのため、事業者は損害賠償保険に加入しておくか若しくは賠償資力を有することが望ましいこと。

③　指定居宅介護支援事業者は、事故が生じた際にはその原因を解明し、再発を防ぐための対策を講じること。

(22)　虐待の防止

　基準省令第27条の2は虐待の防止に関する事項について規定したものである。虐待は、介護保険法の目的の一つである高齢者の尊厳の保持や、高齢者の人格の尊重に深刻な影響を及ぼす可能性が極めて高く、指定居宅介護支援事業者は虐待の防止のために必要な措置を講じなければならない。虐待を未然に防止するための対策及び発生した場合の対応等については、「高齢者虐待の防止、高齢者の養護者に対する支援等に関する法律」（平成17年法律第124号。以下「高齢者虐待防止法」という。）に規定されているところであり、その実効性を高め、利用者の尊厳の保持・人格の尊重が達成されるよう、次に掲げる観点から指定居宅介護支援事業所における虐待の防止に関する措置を講じるもの

的に実施すること。

四　前3号に掲げる措置を適切に実施するための
　担当者を置くこと。

とする。

・虐待の未然防止

　　指定居宅介護支援事業者は高齢者の尊厳保持・人格尊
　重に対する配慮を常に心がけながらサービス提供にあた
　る必要があり、第1条の2の基本方針に位置付けられて
　いるとおり、研修等を通じて、従業者にそれらに関する
　理解を促す必要がある。同様に、従業者が高齢者虐待防
　止法等に規定する養介護事業の従業者としての責務・適
　切な対応等を正しく理解していることも重要である。

・虐待等の早期発見

　　指定居宅介護支援事業所の従業者は、虐待等又はセル
　フ・ネグレクト等の虐待に準ずる事案を発見しやすい立
　場にあることから、これらを早期に発見できるよう、必
　要な措置（虐待等に対する相談体制、市町村の通報窓口
　の周知等）がとられていることが望ましい。また、利用
　者及びその家族からの虐待等に係る相談、利用者から市
　町村への虐待の届出について、適切な対応をすること。

・虐待等への迅速かつ適切な対応

　　虐待が発生した場合には、速やかに市町村の窓口に通
　報される必要があり、指定居宅介護支援事業者は当該通
　報の手続が迅速かつ適切に行われ、市町村等が行う虐待
　等に対する調査等に協力するよう努めることとする。

　　以上の観点を踏まえ、虐待等の防止・早期発見に加え、
　虐待等が発生した場合はその再発を確実に防止するために
　次に掲げる事項を実施するものとする。

　　なお、当該義務付けの適用に当たっては、令和3年改正
　省令附則第2条において、3年間の経過措置を設けてお
　り、令和6年3月31日までの間は、努力義務とされている。

① 虐待の防止のための対策を検討する委員会（第1号）

　　「虐待の防止のための対策を検討する委員会」（以下「虐
　待防止検討委員会」という。）は、虐待等の発生の防止・
　早期発見に加え、虐待等が発生した場合はその再発を確
　実に防止するための対策を検討する委員会であり、管理
　者を含む幅広い職種で構成する。構成メンバーの責務及
　び役割分担を明確にするとともに、定期的に開催するこ
　とが必要である。また、事業所外の虐待防止の専門家を
　委員として積極的に活用することが望ましい。

　　一方、虐待等の事案については、虐待等に係る諸般の
　事情が、複雑かつ機微なものであることが想定されるた
　め、その性質上、一概に従業者に共有されるべき情報で
　あるとは限られず、個別の状況に応じて慎重に対応する
　ことが重要である。

　　なお、虐待防止検討委員会は、他の会議体を設置して
　いる場合、これと一体的に設置・運営することとして差
　し支えない。また、事業所に実施が求められるものであ

るが、他のサービス事業者との連携により行うことも差し支えない。

　また、虐待防止検討委員会は、テレビ電話装置等を活用して行うことができるものとする。この際、個人情報保護委員会・厚生労働省「医療・介護関係事業者における個人情報の適切な取扱いのためのガイダンス」、厚生労働省「医療情報システムの安全管理に関するガイドライン」等を遵守すること。

　虐待防止検討委員会は、具体的には、次のような事項について検討することとする。その際、そこで得た結果（事業所における虐待に対する体制、虐待等の再発防止策等）は、従業者に周知徹底を図る必要がある。

イ　虐待防止検討委員会その他事業所内の組織に関すること

ロ　虐待の防止のための指針の整備に関すること

ハ　虐待の防止のための職員研修の内容に関すること

ニ　虐待等について、従業者が相談・報告できる体制整備に関すること

ホ　従業者が虐待等を把握した場合に、市町村への通報が迅速かつ適切に行われるための方法に関すること

ヘ　虐待等が発生した場合、その発生原因等の分析から得られる再発の確実な防止策に関すること

ト　前号の再発の防止策を講じた際に、その効果についての評価に関すること

②　虐待の防止のための指針（第2号）

　指定居宅介護支援事業者が整備する「虐待の防止のための指針」には、次のような項目を盛り込むこととする。

イ　事業所における虐待の防止に関する基本的考え方

ロ　虐待防止検討委員会その他事業所内の組織に関する事項

ハ　虐待の防止のための職員研修に関する基本方針

ニ　虐待等が発生した場合の対応方法に関する基本方針

ホ　虐待等が発生した場合の相談・報告体制に関する事項

ヘ　成年後見制度の利用支援に関する事項

ト　虐待等に係る苦情解決方法に関する事項

チ　利用者等に対する当該指針の閲覧に関する事項

リ　その他虐待の防止の推進のために必要な事項

③　虐待の防止のための従業者に対する研修（第3号）

　従業者に対する虐待の防止のための研修の内容としては、虐待等の防止に関する基礎的内容等の適切な知識を普及・啓発するものであるとともに、当該指定居宅介護支援事業所における指針に基づき、虐待の防止の徹底を行うものとする。

　職員教育を組織的に徹底させていくためには、当該指

定居宅介護支援事業者が指針に基づいた研修プログラム
を作成し、定期的な研修（年1回以上）を実施するとと
もに、新規採用時には必ず虐待の防止のための研修を実
施することが重要である。

また、研修の実施内容についても記録することが必要
である。研修の実施は、事業所内での研修で差し支えな
い。

④　虐待の防止に関する措置を適切に実施するための担当
者（第4号）

指定居宅介護支援事業所における虐待を防止するため
の体制として、①から③までに掲げる措置を適切に実施
するため、専任の担当者を置くことが必要である。当該
担当者としては、虐待防止検討委員会の責任者と同一の
従業者が務めることが望ましい。

（会計の区分）

第28条　指定居宅介護支援事業者は、事業所ごとに経
理を区分するとともに、指定居宅介護支援の事業の
会計とその他の事業の会計とを区分しなければなら
ない。

（記録の整備）

第29条　指定居宅介護支援事業者は、従業者、設備、
備品及び会計に関する諸記録を整備しておかなけれ
ばならない。

2　指定居宅介護支援事業者は、利用者に対する指定
居宅介護支援の提供に関する次の各号に掲げる記録
を整備し、その完結の日から2年間保存しなければ
ならない。

一　第13条第13号に規定する指定居宅サービス事
業者等との連絡調整に関する記録

二　個々の利用者ごとに次に掲げる事項を記載した
居宅介護支援台帳

イ　居宅サービス計画

ロ　第13条第7号に規定するアセスメントの結
果の記録

ハ　第13条第9号に規定するサービス担当者会
議等の記録

ニ　第13条第14号に規定するモニタリングの結
果の記録

三　第16条に規定する市町村への通知に係る記録

四　第26条第2項に規定する苦情の内容等の記録

五　第27条第2項に規定する事故の状況及び事故
に際して採った処置についての記録

(23)　会計の区分

基準第28条は、指定居宅介護支援事業者に係る会計の区
分について定めたものである。なお、具体的な会計処理の
方法等については、別に通知するところによるものである。

(24)　記録の整備

基準第29条第2項は、指定居宅介護支援事業者が同項各
号に規定する記録を整備し、2年間保存しなければならな
いこととしたものである。

なお、「その完結の日」とは、個々の利用者につき、契約
終了（契約の解約・解除、他の施設への入所、利用者の死
亡、利用者の自立等）により一連のサービス提供が終了し
た日を指すものとする。

第4章　基準該当居宅介護支援に関する基準

4　基準該当居宅介護支援に関する基準

（準用）

第30条 第1条の2、第2章及び第3章（第26条第6項及び第7項を除く。）の規定は、基準該当居宅介護支援の事業について準用する。この場合において、第4条第1項中「第18条」とあるのは「第30条において準用する第18条」と、第10条第1項中「指定居宅介護支援（法第46条第4項の規定に基づき居宅介護サービス計画費（法第46条第2項に規定する居宅介護サービス計画費をいう。以下同じ。）が当該指定居宅介護支援事業者に支払われる場合に係るものを除く。）」とあるのは「基準該当居宅介護支援」と、「居宅介護サービス計画費の額」とあるのは「法第47条第3項に規定する特例居宅介護サービス計画費の額」と読み替えるものとする。

第5章　雑則

（電磁的記録等）

第31条 指定居宅介護支援事業者及び指定居宅介護支援の提供に当たる者は、作成、保存その他これらに類するもののうち、この省令の規定において書面（書面、書類、文書、謄本、抄本、正本、副本、複本その他文字、図形等人の知覚によって認識することができる情報が記載された紙その他の有体物をいう。以下この条において同じ。）で行うことが規定されている又は想定されるもの（第7条（第30条において準用する場合を含む。）及び第13条第24号（第30条において準用する場合を含む。）並びに次項に規定するものを除く。）については、書面に代えて、当該書面に係る電磁的記録（電子的方式、磁気的方式その他人の知覚によっては認識することができない方式で作られる記録であって、電子計算機による情報処理の用に供されるものをいう。）により行うことができる。

2 指定居宅介護支援事業者及び指定居宅介護支援の提供に当たる者は、交付、説明、同意、承諾その

基準第1条の2、第2章及び第3章（第26条第6項及び第7項を除く。）の規定は、基準該当居宅介護支援の事業について準用されるため、1から3まで（「基本方針」「人員に関する基準」及び「運営に関する基準」）を参照されたい。この場合において、準用される基準第10条第1項の規定は、基準該当居宅介護支援事業者が利用者から受領する利用料と、原則として特例居宅介護サービス計画費との間に不合理な差異が生じることを禁ずることにより、基準該当居宅介護支援についても原則として利用者負担が生じないこととする趣旨であることに留意されたい。

5 雑則
(1) 電磁的記録について

基準第31条第1項は、指定居宅介護支援事業者及び指定居宅介護支援の提供に当たる者（以下「事業者等」という。）の書面の保存等に係る負担の軽減を図るため、事業者等は、この省令で規定する書面（被保険者証に関するものを除く。）の作成、保存等を次に掲げる電磁的記録により行うことができることとしたものである。

① 電磁的記録による作成は、事業者等の使用に係る電子計算機に備えられたファイルに記録する方法または磁気ディスク等をもって調製する方法によること。

② 電磁的記録による保存は、以下のいずれかの方法によること。

ア 作成された電磁的記録を事業者等の使用に係る電子計算機に備えられたファイル又は磁気ディスク等をもって調製するファイルにより保存する方法

イ 書面に記載されている事項をスキャナ等により読み取ってできた電磁的記録を事業者等の使用に係る電子計算機に備えられたファイル又は磁気ディスク等をもって調製するファイルにより保存する方法

③ その他、基準第31条第1項において電磁的記録により行うことができるとされているものは、①及び②に準じた方法によること。

④ また、電磁的記録により行う場合は、個人情報保護委員会・厚生労働省「医療・介護関係事業者における個人情報の適切な取扱いのためのガイダンス」及び厚生労働省「医療情報システムの安全管理に関するガイドライン」等を遵守すること。

(2) 電磁的方法について

基準第31条第2項は、利用者及びその家族等（以下「利

他これらに類するもの（以下「交付等」という。）のうち、この省令の規定において書面で行うことが規定されている又は想定されるものについては、当該交付等の相手方の承諾を得て、書面に代えて、電磁的方法（電子的方法、磁気的方法その他人の知覚によって認識することができない方法をいう。）によることができる。

用者等」という。）の利便性向上並びに事業者等の業務負担軽減等の観点から、事業者等は、書面で行うことが規定されている又は想定される交付等（交付、説明、同意、承諾、締結その他これに類するものをいう。）について、事前に利用者等の承諾を得た上で、次に掲げる電磁的方法によることができることとしたものである。

① 電磁的方法による交付は、基準第4条第2項から第8項までの規定に準じた方法によること。

② 電磁的方法による同意は、例えば電子メールにより利用者等が同意の意思表示をした場合等が考えられること。なお、「押印についてのQ＆A（令和2年6月19日内閣府・法務省・経済産業省）」を参考にすること。

③ 電磁的方法による締結は、利用者等・事業者等の間の契約関係を明確にする観点から、書面における署名又は記名・押印に代えて、電子署名を活用することが望ましいこと。なお、「押印についてのQ＆A（令和2年6月19日内閣府・法務省・経済産業省）」を参考にすること。

④ その他、基準第31条第2項において電磁的方法によることができるとされているものは、①から③までに準じた方法によること。ただし、基準又はこの通知の規定により電磁的方法の定めがあるものについては、当該定めに従うこと。

⑤ また、電磁的方法による場合は、個人情報保護委員会・厚生労働省「医療・介護関係事業者における個人情報の適切な取扱いのためのガイダンス」及び厚生労働省「医療情報システムの安全管理に関するガイドライン」等を遵守すること。

附 則

この省令は、平成12年4月1日から施行する。

注1：運営基準（支援）第1条の2第5項、第18条、第19条の2、第21条の2、第27条の2については、令和6年3月31日までの間、経過措置が設けられ、努力義務となっている。

2：運営基準（支援）第3条第2項については、令和9年3月31日までの間、一定の要件緩和措置（経過措置）が設けられている。

居宅介護支援事業所管理者のための実践ガイドブック
編集・編者・執筆者一覧

編集
一般社団法人日本介護支援専門員協会

編者（五十音順）

青地 千晴（あおち・ちはる）
そらいろケアプラン

飯田 清久（いいだ・きよひさ）
株式会社ヘルスケアシステムズライフケアガーデン熱川居宅介護支援事業所

石橋 裕子（いしばし・ゆうこ）
社会福祉法人横手福寿会理事／
りんごの里福寿園居宅介護支援センター管理者

七種 秀樹（さいくさ・ひでき）
一般社団法人日本介護支援専門員協会副会長

笹原 恭子（ささはら・きょうこ）
特定非営利活動法人渋谷介護サポートセンター主任介護支援専門員

鈴木 則成（すずき・のりしげ）
鈴木ヘルスケアサービス株式会社代表取締役

角屋 宗敬（すみや・むねひろ）
社会福祉法人妻有福祉会十日町南地域包括支援センター主任介護支援専門員

関谷 美香（せきや・みか）
医療法人たかぎ歯科ナラティブケアプランセンター

高良 清健（たから・せいけん）
社会医療法人友愛会豊見城中央病院ケアプランセンター

中馬 三和子（ちゅうまん・みわこ）
株式会社ケアネット川崎サービスセンター居宅統括

中辻 朋博（なかつじ・ともひろ）
社会福祉法人風の馬特別養護老人ホームアリオン施設長／
社会福祉法人風の馬ペガサスケアプランセンター石津北管理者

中林 弘明（なかばやし・ひろあき）
一般社団法人日本介護支援専門員協会常任理事／
株式会社シルバージャパン代表取締役

能本 守康（のもと・もりやす）
一般社団法人日本介護支援専門員協会常任理事／
株式会社ケアファクトリー代表取締役

廣内 一樹（ひろうち・かずき）
株式会社クリエイティ居宅介護支援事業所ケアマネ!高知管理者・主任介護支援専門員

執筆者（五十音順）

飯田 清久（いいだ・きよひさ）
株式会社ヘルスケアシステムズライフケアガーデン熱川居宅介護支援事業所
➡ 第2章

石橋 裕子（いしばし・ゆうこ）
社会福祉法人横手福寿会理事／
りんごの里福寿園居宅介護支援センター管理者
➡ 第1章

笹原 恭子（ささはら・きょうこ）
特定非営利活動法人渋谷介護サポートセンター主任介護支援専門員
➡ 第3章 第5節

鈴木 則成（すずき・のりしげ）
鈴木ヘルスケアサービス株式会社代表取締役
➡ 第4章

高良 清健（たから・せいけん）
社会医療法人友愛会豊見城中央病院ケアプランセンター
➡ 第6章

中辻 朋博（なかつじ・ともひろ）
社会福祉法人風の馬特別養護老人ホームアリオン施設長／
社会福祉法人風の馬ペガサスケアプランセンター石津北管理者
➡ 第3章 第1節〜第4節

廣内 一樹（ひろうち・かずき）
株式会社クリエイティ居宅介護支援事業所ケアマネ！高知
管理者・主任介護支援専門員
➡ 第5章

居宅介護支援事業所管理者のための
実践ガイドブック

2023年5月10日　発行

編　集　　一般社団法人日本介護支援専門員協会
発行者　　荘村明彦
発行所　　中央法規出版株式会社
　　　　　〒110-0016　東京都台東区台東3-29-1　中央法規ビル
　　　　　TEL 03-6387-3196
　　　　　https://www.chuohoki.co.jp/

印刷・製本　　株式会社アルキャスト
ブックデザイン　　永瀬優子（株式会社ごぼうデザイン事務所）
イラスト　　BONNOUM

ISBN978-4-8058-8888-9